# Domina Las Claves De Growth: 10 Fundamentos Para El Éxito Empresarial

Autor: Auke van Deutekom

Primera edición: Abril 2023

ISBN:

Diseño portada: Prezemlaw Bogdan

Revisión contenido: Miguel ángel Reinosso Tamayo

# Table of Contents

# Introducción al libro

Hoy en día, "Growth" es un término que se puede encontrar en el vocabulario de muchas empresas. Desafortunadamente, este se puede interpretar de las formas más diversas, pues en la mayoría de las compañías aún no hay un entendimiento (a profundidad) sobre cómo contratar y construir al equipo de "growth", además de que no se tomen en cuenta los fundamentos esenciales al interior de la misma, muy necesarios para un crecimiento exponencial y sostenible.

¿Cómo contratas a alguien si no entiendes los fundamentos esenciales de tu negocio? ¿Cómo hacer crecer un negocio sin entender sus fundamentos de crecimiento (growth)? ¿Cómo trabaja el área de finanzas junto a tu equipo de growth? ¿Cómo impactan la experiencia y la mentalidad de las personas en tu equipo al crecimiento?

Este es el primer libro que presenta un marco de 10 pilares que son esenciales comprender antes de buscar el crecimiento, ya que se trata de ver el panorama completo del negocio y no solo enfocarse en la parte más hermosa del proceso (de "growth"). Al terminar tendrás una comprensión básica y elementos de acción para aplicar en tu trabajo diario o empresa.

El libro está escrito para que los profesionales entiendan los fundamentos antes de comenzar a crecer un negocio o a mejorar los procesos existentes que "mueven la aguja" en una compañía. El libro ayudará a identificar en qué nivel te encuentras y al finalizar podrás evaluar lo aprendido.

Nos centraremos en la misión y los valores de la empresa, los datos y los reportes, las personas y su mentalidad, los departamentos, las estructuras, las pruebas y el aprendizaje continuo, la base financiera y tecnológica, el growth de la empresa, los objetivos de crecimiento, los clientes, la competencia, y los fundamentos operativos.

En cada capítulo, podrás evaluar tu nivel y avanzar conforme a ello por cada fundamento.

Decidí escribir este libro para compartir mi marco de trabajo sobre cómo hago "growth" en las startups. Después de haber trabajado en 4 de este tipo de empresas, dentro de varios roles de "growth" enfocados en el mercado latinoamericano. Aconsejando a numerosas startups y brindando mentoría a docenas de profesionales. Las empresas donde tuve un rol relacionado a "growth" fueron: Cinepapaya (exit a Fandango); Crehana (de los primeros miembros del equipo hasta conseguir la Serie B), Listopro (bootstrap hasta el exit a Revelo); uDocz (etapa temprana de semilla).

Con los años, me di cuenta de que no fue solo suerte ser parte de estas empresas. El modelo mental que desarrollé me ayudó a entender las bases del crecimiento, mejorarlas, alinear a los equipos y ayudar a esas empresas a crecer. Ahora es el momento de compartirlo con todos. El libro incluirá ejemplos de mi tiempo en Crehana, Listopro y uDocz, donde con el paso de los años logré refinar este modelo.

Mi nombre es Auke van Deutekom. Tengo más de 15 años de experiencia en ventas, marketing y roles relacionados a "growth". Me encanta estar con mi familia, jugar fútbol y tenis, hacer parrilla y caja china (parrilla peruana), y todo lo relacionado con las startups y el mundo del "growth".

## Mensaje legal:

Este libro tiene únicamente fines informativos y representa las opiniones personales del autor. El autor no es un profesional licenciado, y la información contenida en este libro no debe interpretarse como asesoramiento legal o profesional. El marco de evaluación presentado en este libro está diseñado para ayudar a identificar el estado actual de las fundamentos del negocio, pero no garantiza un negocio más exitoso. El autor no se hace responsable de los daños o pérdidas derivados del uso de la información presentada en este libro. El lector debe consultar con un profesional cualificado antes de emprender cualquier acción basada en la información presentada en este libro. Este libro está protegido por las leyes internacionales de derechos de autor, y queda prohibida la reproducción o distribución no autorizada de este material.

# ¿Qué es un fundamento de Growth y cuáles existen?

Un fundamento de "growth" es la base para llevar a cabo tareas relacionadas con el crecimiento en una empresa, las cuales tienen su(s) propio(s) fundamento(s). Se han escrito muchos libros sobre growth marketing y product growth, pero aún está faltando una comprensión de los fundamentos que son los pilares del crecimiento.

¿Qué determina que los equipos de growth sean exitosos?

La parte más importante son las bases (fundamentos). Como en una casa. Puedes tener los mejores materiales, pero si no tienes la base adecuada, la casa podría derrumbarse.

Los fundamentos se pueden dividir en partes diferentes:

1. Misión, visión y valores de la empresa
2. Fundamentos de data y reportes
3. Fundamentos de las personas y la mentalidad de crecimiento
4. Departamentos y estructuras
5. Pruebas y aprendizaje continuo
6. Fundamento financiero
7. Fundamentos tecnológicos
8. Growth actual y objetivos
9. Clientes y competencia

10. Fundamentos operativos

Dependiendo del estado de sus fundamentos, es posible que se necesiten fortalecer algunas áreas para lograr el máximo provecho el crecimiento.

Definiciones de Growth hay muchas. En mi opinión personal, growth es identificar e implementar estrategias que contribuyan en la adquisición y retención de más clientes, aumentar los ingresos y lograr un crecimiento sostenible en una empresa o emprendimiento.

## 10 Fundamentos de Growth

| Misión, visión y valores de la empresa | Data y reportes | Personas y mentalidad de crecimiento | Departamentos y estructuras | Pruebas y aprendizaje continuo |
| Fundamento financiero | Fundamentos tecnológicos | Growth actual y objetivos | Clientes y competencia | Fundamentos operativos |

ΛUKE

## Misión y valores de la empresa

Es esencial alinear la misión, visión y valores de tu empresa con las iniciativas de crecimiento. Como persona enfocada en "growth", te ayudará mucho también alinear a los stakeholders, personas con roles clave en la empresa que también tienen un interés común en lograr los objetivos, para que de esa manera puedas contar con su apoyo en las iniciativas. Cada empresa tiene sus propios valores, y es tu trabajo identificar al menos un valor que te ayude a incorporar los aspectos relacionados a "growth" dentro del ADN de la organización. Si logras hacerlo, habrás desbloqueado la primera parte del fundamento.

## Fundamento de data y reportes

Cada empresa tiene diferentes formas de almacenar datos. Las organizaciones enfocadas en el crecimiento tienden a tener una base de datos sólida, porque les ayuda a capturar la información sobre el impacto de las iniciativas, con lo que se puede armar reportes que ayuden a tener una comprensión al panorama general de lo que está sucediendo, además de también sumergirse luego en los detalles de los datos recopilados.

Podemos presentar los datos de varias maneras y todos en el equipo pueden utilizar los datos a su favor. Tu trabajo es identificar el estado actual de este fundamento en tu empresa y evaluar cómo mejorarlo, ya que es clave en las organizaciones de "growth".

Te ayudará a entender cuáles son los siguientes pasos para mejorar este fundamento. Tener procesos y estructuras adecuadas que te ayuden a tomar decisiones informadas.

## Fundamento de las personas y la mentalidad de crecimiento

Las personas son el fundamento más importante. Tener a las personas adecuadas con la mentalidad adecuada es lo mejor que te podría pasar en el trabajo. Que se identifiquen con los valores de tu empresa es aún mejor. Es de lo mejor que puede suceder porque se convertirán en los embajadores que te ayudarán a llevar la organización al siguiente nivel.

¿Cómo identificar a las personas que tienen estas características? ¿Cómo comenzar a construir este fundamento que será un elemento clave de tu éxito en el crecimiento futuro?

En 10growthfoundations.com hay material adicional para identificar y evaluar el estado actual del fundamento de las personas y la mentalidad de crecimiento por departamento, gerente e individuo.

## Departamentos y estructuras

¿Cuál es la jerarquía organizacional? ¿Cómo operan los gerentes senior? ¿Cómo están establecidos los informes y las estructuras de KPI?

Según esta parte del fundamento, podrás aprender a obtener el apoyo y/o podrás ver sinergias entre los distintos departamentos.

Algunos departamentos son más propensos que otros a adaptarse a las estructuras de crecimiento. Es una tarea identificar las estructuras actuales como: los procesos de toma de decisiones, las estructuras de reuniones por departamento y los procesos de alineación. ¿Cuál es la mejor estructura por ahora (en relación a otros fundamentos) y cómo asegurarse de tener el fundamento adecuado para trabajar juntos como equipo? Te ayudará a identificar cómo trabajan los equipos y cómo priorizan el éxito de la organización.

## Pruebas y aprendizaje continuo

¿Cómo se organizan las diferentes áreas y la empresa para las pruebas y mantener un aprendizaje continuo? ¿Lo llevas dentro de tu ADN, en las áreas o en toda la empresa? ¿Es una opción viable compartir los errores dentro de la organización? ¿Cómo creas este clima?

¿Cómo estableces tu hoja de ruta para las pruebas? ¿Cómo comunicas las pruebas y compartes los resultados exitosos?

En Auke.digital encontrarás algunas plantillas para ayudarte a identificar el estado actual (del fundamento en tu empresa) y algunas plantillas útiles para mejorarlo. Plantillas que incluyen:

- Mejores prácticas para documentar las pruebas.

- Mejores prácticas para comunicar los resultados de las pruebas.

- Plantilla de mejores prácticas para priorizar las pruebas.

- Ver un "checklist" de preguntas para realizar luego de una prueba y así aprender del resultado (incluso si este fue un gran fracaso).

- Consejos para tener una hoja de ruta de pruebas híbrida

## Fundamento Financiero

¿Cómo se financia la empresa? ¿Hay oportunidad de realizar apuestas*? ¿Tiene una estructura "tradicional"? Si su empresa ya tiene un gran tamaño con varias estructuras internas, tiende a tener diferentes procesos o fundamentos financieros. Pueden comprar el crecimiento o la competencia (son líderes de mercado o empresas con demasiada ambición con suficiente poder adquisitivo para "comprar" los ingresos de un competidor o similar al adquirir su operación).

Con un mayor entendimiento de la parte financiera del negocio podrás realizar las propuestas adecuadas y evitar las decepciones a nivel ejecutivo.

¿Tienes presupuestos anuales sin posibilidad de ajustarse o de realizar cambios dentro de la distribución del mismo? o ¿Manejas conversaciones mensuales para tener el visto bueno de mover el presupuesto hacia las mejores oportunidades -encontradas- de crecimiento?. Saber dónde estás respecto a este punto te ayudará mucho. Pues podrás planificar correctamente y encontrar/ descubrir a los stakeholders que colaboren contigo para implementar nuevas iniciativas de crecimiento. En última instancia, tu modelo de crecimiento es un aporte para el equipo de finanzas.

Comprar una pequeña licencia para obtener algunas fotos/imágenes de stock o implementar un nuevo software de automatización de marketing tiene implicaciones financieras diferentes.

**Algunas preguntas que se podrían hacer:**

1. ¿Tienes control sobre el P & L (profit and losses*)?

2. ¿Puedes realizar cambios y ajustes al presupuesto asignado? ¿A quién necesitas incluir en el proceso para hacer esos cambios?

3. ¿Cuáles son los objetivos financieros en términos de rentabilidad y cómo contribuyen tus esfuerzos a ello?

# Fundamento tecnológico

¿Cuál es la infraestructura técnica? ¿Tienes un producto o servicio digital? ¿El producto es físico? ¿Cómo está construido? ¿De qué otros factores depende? ¿Con qué rapidez puede adaptarse a las nuevas condiciones u oportunidades del mercado? ¿Cuál es la velocidad del equipo técnico? Comprender estos aspectos básicos te ayudará a determinar si necesita utilizar herramientas de terceros para agilizar el trabajo o si es más necesario utilizarlas de manera temporal, para que el equipo técnico no pierda el enfoque del negocio principal.

## Modelo de crecimiento actual del negocio y sus objetivos

¿Entendemos cómo está creciendo actualmente el negocio? ¿Hemos identificado los embudos o mejores bucles de crecimiento que impulsan que este sea sostenible? ¿Cómo podemos conectarlos? ¿Sabes de dónde vendrá el crecimiento durante los próximos 18 meses?

## Fundamento de clientes y competencia

¿Conoces a tu cliente? ¿Cuáles son sus necesidades? ¿Cómo les das solución? ¿Cuántos clientes potenciales hay en tu mercado? ¿Solo es en un país o en toda la región? ¿Cuál es el potencial existente? ¿En qué mercados potenciales te vas a enfocar primero? ¿Cómo usas tus fundamentos para tener la mejor estrategia para entrar a un mercado? ¿Cómo es la competencia en esos mercados? ¿Es una lucha encarnizada y sin cuartel o aún queda espacio para más participantes en el mercado? Tienes muchas preguntas que hacer para ayudarte a entender esos fundamentos.

## Fundamento de la operación

¿Cómo alinear la oferta y la demanda? La clave es estar en sincronía dentro de tu área de la empresa y con los distintos departamentos. Este fundamento te dará la capacidad de filtrar las oportunidades de alineación dentro de tu equipo o los demás departamentos. ¿Qué pasa si tienes una campaña de marketing en camino, pero los demás departamentos no están sincronizados? No serás el primero en experimentar estrés o cambios de último momento.

# Cómo identificar tus fundamentos de Growth

Para evaluar cada fundamento, hay una serie de preguntas a las que puedes responder con un sí o un no. Si respondes sí, procederás a la siguiente pregunta. Pero si la respuesta es no, encontrarás sugerencias detalladas para mejorar y avanzar al siguiente nivel. Esta revisión rápida es una herramienta para ayudarte a identificar oportunidades, resolver problemas actuales y enfocarte en lo que puedes abordar de manera efectiva a corto plazo, y prepararte para lo que viene en el futuro a mediano y largo plazo.

# Fundamento 1: Misión visión y valores de la empresa

La misión, visión y los valores de la empresa son aspectos clave. Tenerlos ayuda a mantener la alineación dentro de un equipo. Los valores son el ADN para la cultura y marcan el camino y dirección que seguirá la empresa. También ayudan en la toma de decisiones, la generación de marca y cumplen un rol decisivo en la retención y atracción del talento.

Esta es una base importante porque necesita poder alinear los valores de la empresa con las iniciativas de crecimiento y conseguir que la mayoría de las personas en la empresa se sumen a la nueva forma de trabajar. Para determinar cuán buena es este fundamento, hágase las siguientes preguntas:

Es fundamental establecer una base sólida que permita ajustar los valores corporativos con las estrategias de desarrollo y lograr una participación generalizada en la empresa hacia un nuevo modelo de trabajo. Para evaluar la fortaleza de este fundamento, debes hacerte las siguientes preguntas:

1. ¿Tiene su empresa una misión, visión y valores? Si es que sí.

    * 1. Avanza al nivel dos.

        2. No, comienza a crearlos porque esto será clave (también para los fundamentos de su equipo).

2. ¿Las personas del equipo se identifican con ellos y los refuerzan en su día a día?

    1. Si, Avanza al nivel tres.

    2. En algunos departamentos - este es un buen punto de partida. Enfócate en esto para la próxima pregunta.

    3. No, comience a reforzar los valores de la empresa en el trabajo del día a día.

3. ¿Algunos de los valores son fáciles de alinear con la mentalidad de crecimiento o el marco de crecimiento que deseas utilizar?

    1. Si, Avanza al siguiente nivel

    2. No, trata de encontrar al menos un valor que coincida (el más cercano)

4. ¡Fin! Genial, tienes un valor con el que puedes comenzar a trabajar en este fundamento que te ayudará a tener más éxito.

## ⊙ Misión, visión y valores de la empresa

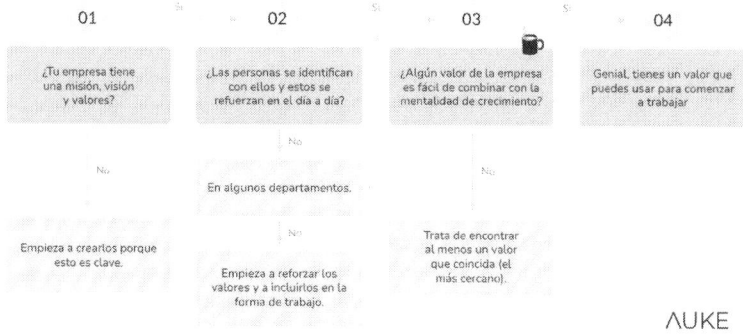

*Ejemplo: Los valores de la empresa en la que trabajé fueron los siguientes*

### Remote first (primero remoto)

*Creemos en el talento con el que trabajamos, independientemente de dónde estés trabajando.*

### Transparencia

*Sé transparente y di lo que piensas.*

### Sé proactivo

*No esperes a que alguien te diga que lo hagas, actúa primero. Sé proactivo, no reactivo.*

### Mejora continua

*Si hoy es bueno, mañana debería ser mejor.*

### El diablo está en los detalles

*Los detalles marcan la diferencia en la contratación de talento.*

## Nivel 2: Tenemos valores en la empresa y las personas se identifican con ellos.

*Aunque habíamos fortalecido los valores en algunos departamentos, todavía no teníamos una cultura corporativa enfocada en ellos. Debíamos esforzarnos por involucrar a más empleados en este enfoque. Como ejemplo, podemos mencionar cómo el departamento de marketing se identificó con estos valores en su día a día.*

## Nivel 3: ¿Hay algún valor corporativo que sea fácil de alinear con la mentalidad de crecimiento o el marco que desea utilizar?

*Sí, hay varios que nos ayudan a hacerlo. La mayoría de ellos me ayudarán a reforzar la "cultura" que queremos crear o los valores que queremos utilizar para tener el tono de voz adecuado para alinear al equipo. En la mayoría de los casos, es más desafiante obtener un valor que se basa en los fundamentos que desea integrar más en la forma en que trabaja.*

*Proactividad, mejora continua y transparencia son valores realmente buenos para empezar. No debería ser difícil implementarlos dentro del equipo que te ayudará a lograr el crecimiento. La parte más difícil en este caso sería lograr que otros departamentos se adapten o cambien su forma de trabajar a diario.*

## Nivel 1: Comience a definir la misión, visión y valores de su empresa.

Es mejor tener los tres componentes antes que después. Es importante tenerlos. La mayoría de las veces, en las primeras etapas de crear un negocio, hay un esbozo de cómo el CEO y los otros fundadores ven la misión, visión y valores de la empresa. Pueden hablarlo entre ellos, pero aún no lo han puesto por escrito. Cuanto antes esté por escrito, mejor. Este no es un documento de una sola vez. Cuando la empresa comience a crecer o cuando comience a cambiar de dirección, esos son momentos para volver a revisar el documento. La mayoría de las veces, el CEO se hace cargo de esta parte, y dependiendo de los valores de la empresa, puede ser común crearlo en equipo para involucrar aún más a las personas.

La visión responderá al "por qué" de su empresa, mientras que la misión responderá al "quién" y "qué" de la empresa.

La visión te ayuda a revelar el propósito y la dirección comunes de sus empleados. Una buena visión inspirará. Y es clave alinearla con los valores y metas de su empresa.

## Declaración de la Visión

La declaración de visión revela lo que una empresa u organización quiere ser a largo plazo. Ayuda a alinear al equipo para avanzar en esa dirección. Es un momento para soñar con cómo será la empresa dentro de x años, y una buena declaración de visión es sin duda un incentivo para que los empleados se queden y trabajen por esa misión superior.

1. Organice talleres con las principales partes interesadas para hacer una lluvia de ideas sobre la visión.

2. Revisar la visión de la competencia

3. Obtenga la opinión de los stakeholders y de los empleados (1-1)

4. Cree 2 frases cortas

5. Elabore una más larga sólo para la dirección

6. Trazar los objetivos o hitos más importantes de la empresa que deben producirse para acercarse a la declaración de visión (próximos 10 años aprox.)

Sueña a lo grande, ¿qué diría la portada del periódico más importante de tu país sobre tu empresa si consiguieras todos los hitos?

Si crees que éste es el correcto, alínealo con los valores y objetivos de tu empresa.

## Declaración de misión

Una declaración de misión es una afirmación breve y concisa, de una o dos frases, que explica lo que hace una empresa, cómo lo hace y por qué lo hace.

Una declaración de misión refleja los valores, la filosofía y las ventajas competitivas de una empresa.

Debe responder a las siguientes preguntas

1. ¿En qué consiste nuestra actividad?
2. ¿Para quién lo hacemos?
3. ¿Cómo lo hacemos?
4. ¿Cuáles son nuestros valores fundamentales?

Pasos a seguir:

1. Explique la oferta de productos o servicios de su empresa.
2. Identifique los valores fundamentales de la empresa.
3. Relacione la oferta de su empresa con sus valores.
4. Describa a su cliente ideal.
5. Resuma estas afirmaciones en una sola.
6. Asegúrese de que sea clara, concisa y sin palabrería.

Como podrás notar, es importante tener una declaración de misión, además de revisar y hacer ajustes periódicamente (en caso haya cambios drásticos en los objetivos de la compañía) para que haya alineación tanto interna como externamente.

## Mejoras de nivel 2: ¿Qué hacer cuando sólo hay valores de empresa y la dirección no refuerza esos valores en el día a día?

Es importante que existan en la empresa para la que trabajas, de lo contrario sólo están sobre el papel y nada más. Te recomiendo que primero hables con el equipo de RRHH para ver qué ideas tienen para reforzar estos valores. Puede que ya existan algunas iniciativas de las que no seas consciente. El papel de RRHH es promover la cultura que tiene la empresa y ayudar a la gente a identificarse más con estos valores.

Se trata de un componente muy importante cuando se contrata a gente nueva. Si no hay una alineación con los valores de la empresa, la gente tiende a perder la sensación de que te importa el trabajo que se espera que haga.

A menudo, la persona podría sentir que no rinde cuentas, que no es fiable, que no ofrece resultados y, posiblemente, que no cumple los plazos.

Estos son los consejos que te recomiendo que tenga en cuenta:

1. Recompensa y reconocimiento: Cuando haya un momento para reconocer a alguien de su equipo, intenta vincularlo al valor de la empresa y dígale cómo representa ese valor a diario. Esto puede hacerse en las reuniones mensuales o trimestrales de la empresa o en entornos más reducidos.

2. Las principales decisiones empresariales deben estar alineadas con los valores de la empresa

3. Cree tradiciones/rituales que se alineen con sus valores

4. Predique con el ejemplo

5. Pida opiniones de manera contínua a su equipo

6. Haga que los valores sean aplicables

7. Hágalos visibles

# Nivel 3: ¿Qué hacer cuando no hay ningún valor que encaje con la mentalidad o la forma de trabajar?

Apuesto a que debería haber al menos un valor por el que empezar en tu empresa. He notado con el tiempo que no son los valores, sino que lo más importante es que el nivel 2 no se desarrolla adecuadamente, lo cual es la raíz del problema. Los líderes en algunas empresas no escuchan o no reciben feedback de parte de sus equipos.

He visto los 55 valores empresariales más utilizados y la mayoría de ellos pueden relacionarse con la mentalidad de crecimiento o la forma de trabajar que se necesita. Sólo los más atrevidos suponen un reto a la hora de relacionarlos con la mentalidad adecuada.

55 Valores para empresas que podrías tomar como referencia

1. Accountability (acountabilidad)
2. Belonging (pertenencia)
3. Boldness (Audacia)
4. Care (cuidado)
5. **Charity (caridad)**
6. Collaboration (colaboración)
7. Commitment to Customers (compromiso con los clientes)
8. Communication (comunicación)
9. Community (comunidad)
10. Continuous Learning (aprendizaje continuo)
11. Constant Improvement (mejora constante)
12. Courage (valor)

13. Creativity (creatividad)

14. Customer obsession (obsesión por el cliente)

15. **Delight (deleite)**

16. Discipline (Diciplina)

17. Diversity (diversividad)

18. **Education (educación)**

19. Employee development (desarollo del personal)

20. Ethics (ética)

21. Excellence (excelencia)

22. **Factualness (varacidad)**

23. Fast-learning (aprendizaje rápido)

24. Focus (enfoque)

25. Fun (diversión)

26. Global (global)

27. Growth (crecimiento)

28. Hard work (Trabajo duro)

29. Health (salud)

30. Honesty (honestidad)

31. Hospitality (hospitalidad)

32. Human (humano)

33. **Humility (humildad)**

34. Idealism (idealismo)

35. Impact (impacto)

36. Improvement (mejora)

37. Innovation (innovación)

38. Integrity (intregridad)

39. Leadership (liderazgo)

40. **Mindfullness (atención plena)**

41. Openness (apertura)

42. Ownership (apropiación)

43. Passion (pasión)

44. Professionalism (profesionalidad)

45. Quality (calidad)

46. Respect (respeto)

47. Responsibility (responsabilidad)

48. Results-Oriented (orientación al resultado)

49. Service (servicio)

50. Simplicity (sencillez)

51. Speed (velocidad)

52. Sustainability (sostenibilidad)

53. Teamwork (trabajo en equipo)

54. Transparency (transparencia)

55. Trust (confianza)

# Fundamento 2: Fundamentos de data y reportes

Los datos y los informes son una parte fundamental del crecimiento de tu negocio. Si no haces un seguimiento, es muy difícil avanzar en la dirección correcta. Es normal que haya diferencias entre empezar un negocio y tener un negocio. Las empresas que tienen éxito son capaces de medir los resultados de sus esfuerzos. Es importante seleccionar las métricas empresariales correctas y obtener la información adecuada para mejorar aún más la toma de decisiones basadas en datos.

Es clave tener claridad sobre qué información se necesita almacenar y el cómo hacerlo de la forma adecuada. Además, es importante realizar un reporte mensual haciendo uso de los datos, junto con los próximos pasos (acciones concretas) para comprender las posibles oportunidades de negocio. Al momento de implementar nuevas iniciativas, se debe asegurar el correcto registro de la información para poder medir su impacto. También el equipo de datos debe estar involucrado en el proceso de creación de nuevas iniciativas y en la mejora continua.

A continuación encontrará algunos pasos para determinar cómo está configurada la base de datos de su organización. Simplemente responda con "sí" o "no" a las preguntas.

**Identifique el nivel que tiene sobre base de datos:**

1.  No almacenamos datos ni medimos nada

2. Almacenamos datos y medimos algo

3. Y hacemos reportes con los resultados

4. Mensualmente con próximos pasos (accionables) y responsables asignados

5. Seguimos añadiendo nuevos indicadores para el almacenamiento de los datos

6. Informamos sobre ello semanalmente con los próximos pasos documentados y responsables asignados, además compartimos los aprendizajes.

7. Todos los miembros del equipo tienen en cuenta los datos a la hora de tomar una decisión

8. Contamos con un marco de trabajo para el almacenamiento de datos en el que los miembros del equipo de data cumplen un rol importante a la hora de identificar potenciales indicadores para la medición de datos, además de que son proactivos en la elaboración de los informes. Son un activo realmente importante para la empresa.

## ☁ Fundamentos de data y reportes

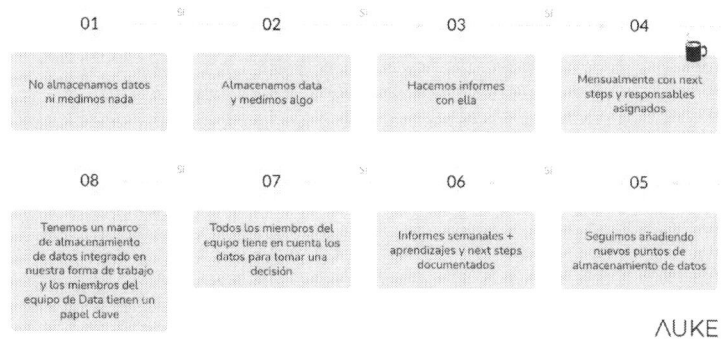

# Nivel 1: No almacenamos datos ni medimos nada

Es bueno saberlo. En la mayoría de los casos, debería tener algunos datos relacionados con la empresa. Todavía te queda mucho camino por recorrer, pero al menos has identificado una posible base que necesita más atención. Es importante tener un cierto nivel en el manejo de datos para poder medir su impacto en la empresa. Empieza por los fundamentos del negocio (entiende primero esta información) antes de empezar a hablar de los datos faltantes.

Comprender los datos del negocio te ayudará a identificar los datos que necesitas seguir para tener más éxito. Después de eso, puedes empezar a preguntar o entender qué esfuerzos estás haciendo para obtener mejores resultados en el negocio. La mayoría de los esfuerzos de su equipo pueden medirse. Pregúntese por qué estamos haciendo "X" y cuál es su impacto. ¿Cuánto tiempo lleva obtener ese resultado? ¿Hay otras cosas que podríamos estar haciendo? Lo más probable es que ya esté realizando una medición. Si es que no, esta es de las primeras cosas que debería implementar para realizar un seguimiento (hablaremos sobre los KPI del equipo más adelante). Sobre la base de esta información, puede definir algunos puntos de datos para el seguimiento y el uso de herramientas para ponerlo en práctica.

***Datos básicos de la empresa que te ayudan a entenderla mejor:***

1. *Finanzas de la empresa en los últimos años + proyecciones.*

2. *Cuenta de resultados de la unidad de negocio por producto*

3. *Presupuestos de los departamentos*

4. *Objetivos de la empresa para este año + datos históricos*

5. *Estructura de la empresa (equipos + plantilla) + proyecciones futuras*

*A veces es difícil conseguir toda la información, pero con el contexto adecuado deberías poder conseguir esta info o parte de ella.*

## Nivel 2: Almacenamos datos y medimos algo

Estupendo. Ese es el primer paso para ponerse en el buen camino hacia la mejora de los procesos y su rendimiento. ¿Sabes por qué almacenan estos datos? ¿Qué preguntas quieres responder con los datos? Asegúrate de tener respuesta a estas preguntas. Si no es así, empieza a hacer una lista de las preguntas que te gustaría poder responder con la información de los datos. Asegúrate de tomarlos en cuenta y contextualizarlos (los datos) para no tomar decisiones a ciegas. Siempre hay que dar el contexto y comprender también otros tipos de información (datos cualitativos) para poder tomar la decisión correcta.

### 6 preguntas empresariales que hay que plantearse:

1. ¿Cuáles son los principales KPI*? ¿Qué KPI estamos midiendo hoy?

2. ¿Cuál es el principal canal de adquisición que más te aporta al negocio? (puede ser el equipo de representantes de desarrollo de ventas, tráfico orgánico, etc.) Lo más importante es comprender y validar los esfuerzos que realicen en tu equipo.

3. ¿Cuáles son los otros canales que nos aportan al negocio?

4. ¿Cómo es el embudo inverso de los ingresos? (La tasa de conversión del embudo inferior hasta el embudo superior).

5. ¿Quiénes son nuestros heavy users? ¿Por qué lo son? (Datos demográficos, etc.)

6. ¿Quiénes son nuestros usuarios que abandonan o utilizan/compran menos nuestro producto o servicio?

Lo más importante cuando se obtiene la información es ponerla en contexto y tener una comprensión profunda. ¿Qué esfuerzos hacemos para obtener los resultados en esas áreas específicas? El objetivo es comprender el esfuerzo de las acciones y cuál es su resultado. Lo verás reflejado en los números, por lo que te recomiendo hacer zoom (profundizar en los detalles) con una pregunta específica que te gustaría responder sobre el negocio.

Después del primer conjunto de datos es normal que te surjan nuevas preguntas basadas en la información que obtengas para poder filtrar grupos o segmentos específicos.

**Bonus para un producto digital y poder pasar al siguiente nivel:**

**Sigue estos pasos:**

1. Definir las métricas clave que queremos monitorear diariamente.

2. Definir de dónde vamos a obtener la información (fuente de los datos).

3. Ver si podemos automatizar fácilmente para obtenerlo en otra hoja de spreadsheets y automatizar con magic Script de Google.

a. Crear consultas para obtener datos de Analytics + Vlookup a la plantilla de datos diarios.

4. Definir a los responsables de los datos que deben añadirse manualmente.

5. Añadir manualmente los datos diarios

6. Crear un formato semanal y mensual en otra vista.

7. Empezar a entender en detalle el negocio.

8. Tener sesiones semanales sobre los datos e intentar ver tendencias para hacerse las preguntas. ¿Por qué veo que "X" métrica sube? ¿Por qué bajan otras? Intenta comprender cómo funciona la empresa con esos datos.

9. Intenta comprender primero las métricas de los KPI y luego las demás para no enfocarte demasiado en todos los datos. De esa manera evitarás distraerte con métricas superficiales y no te sentirás perdido entre tanta información.

10. Sigue haciendo esto semanalmente y estoy seguro de que mejorarás de manera semanal la base de tus números, o al menos entenderás por qué las cosas van bien o mal.

---

## Nivel 3: Almacenamos datos y reportamos sobre ellos

¡Genial! Asegúrate de que tienes algunos paneles de control (dashboards) configurados e introduce datos frescos en tus reportes. Avanza al siguiente nivel e incluye estructuras de reportes con accionables.

A menudo sucede que tienes datos y reportes, pero nadie está tomando medidas sobre la información que están recibiendo. Comprende primero por qué es que se han configurado esos reportes y cuáles son las perspectivas. Cuáles son las preguntas que podrías hacer con esos reportes (haz una lista de preguntas) e intenta responderlas con los datos que te brindan.

**Ejemplo:**

*Tienes un negocio digital y necesitas ver si estás mejorando tus métricas principales. Tienes unas métricas establecidas y que se revisan periódicamente. En este caso los datos que obtienes son todos los datos digitales relacionados a una web. Visitas, datos de uso, datos de registro, registros o ventas, etc.*

*Con ese conjunto de datos puedes realizar muchas preguntas. He aquí algunos ejemplos:*

1. *¿Cuáles son las 3 principales fuentes de tráfico de mi sitio web?*

2. *¿Cuáles son los 3 principales países desde donde más se visita mi sitio web?*

3. *¿Quién se registra en mi sitio web?*

4. *¿Quién compra en mi sitio web?*

5. *¿Cuál es el ticket promedio por tipo de producto?*

6. *¿Cuál es la tasa de conversión a compra por canal, por país y por segmento de producto?*

*Como ves, podemos seguir y seguir, lo que podría resultar "peligroso" si nos adentramos demasiado sin establecer preguntas claras.*

## Nivel 4: Almacenamos los datos y elaboramos reportes mensuales sobre ellos con los accionables y los responsables asignados.

Este es un buen nivel para la base de datos. Aún queda mucho camino por recorrer, pero la base está asentada y puedes empezar a trabajar para aumentar los reportes a quincenales o semanales para una ejecución aún más rápida. Asegúrese de que está añadiendo los puntos de datos adecuados para recopilar información y no olvide situar en el contexto de la empresa. Solo así se podrá tomar decisiones basadas en datos.

Como puedes ver, tener una buena base de datos es clave porque tomar las decisiones correctas con los datos adecuados es esencial. He visto a personas tomar buenas decisiones con datos erróneos, así que no se les puede dar el 100% del crédito. Sólo tienes que asegurarte de que están haciendo las preguntas correctas y tomando decisiones basadas en datos con límites de uso bien definidos que ayuden a ponerlos en contexto.

Antes de tomar una decisión importante, analiza detenidamente tus datos. Asegúrate de que todo está bien documentado e involucra a los líderes en los accionables y potencial impacto de esa decisión.

Por último, dependiendo de la fase en que se encuentre tu empresa lo será también el nivel de la base de datos para ti. Las empresas en fase inicial tienden a tener fundadores y ejecutivos centrados en los datos por lo que tienen prioridad en contratar especialistas en ello durante etapas "tempranas", de esa manera estarán más preparados cuando la ronda de financiación inicial comience. Si descubre que los fundadores o tú mismo no cuentan con los fundamentos necesarios para analizar los datos, capacítate o contrata a un analista de datos.

También es importante ver cómo recopilan datos y elaboran informes otros departamentos, ya que tendrá que trabajar con otras unidades de negocio para alinear reportes o compartir perspectivas que les ayuden a tomar mejores decisiones.

## Nivel 5: seguimos añadiendo datos a nuestra base de datos

Es importante ser crítico con lo que se almacena, cómo se almacena y dónde se almacena. Al fin y al cabo puedes almacenar todo tipo de datos y acabarás pagando por almacenarlos. Asegúrate de que entiendes por qué se necesitan determinados datos y cómo repercutirá en el negocio disponer de esa información. Es importante revisar esto con regularidad para asegurarte de que estás almacenando la información correcta y tomando las decisiones adecuadas.

Para pasar al siguiente nivel, realice las mismas ceremonias, sólo que semanalmente, documentando todo en una ubicación a la que puedan acceder todos los miembros del equipo.

## Nivel 6: hacemos reportes semanales documentados con los accionables y los responsables asignados.

La documentación es la clave para mantener las cosas en orden. Con la estructura adecuada puede lograr enormes beneficios.

Puede ayudarte a controlar los progresos y lo que queda por hacer. También puede ayudarte a comunicarte mejor con otras personas que trabajan en el mismo proyecto o que necesiten utilizar tu trabajo como complemento del suyo. La documentación también te servirá para recordar por qué hiciste ciertas cosas de una manera determinada, lo que te llevará a ser más eficiente en el futuro.

Responsabilizar a alguien de un proyecto tiene muchas ventajas. Le da a esa persona un sentimiento de propiedad y orgullo por el siguiente paso o proyecto y te hace responsable de su éxito o fracaso. Además, puede ayudar a motivar y centrar a todo el equipo, ya que todos trabajan por un objetivo común.

Las tareas se completan a tiempo y con eficacia, ya que la persona responsable será consciente de los plazos y estará motivada para cumplirlos. Asegúrate de que se cumplen los plazos y haz un seguimiento adecuado. La parte difícil es definir responsables y plazos de entrega. Luego de eso hay que asegurarse de que los responsables se comunican bien y gestionan a los demás stakeholders para cumplir con los tiempos.

*Para conseguir que todos los miembros del equipo tomen decisiones basadas en datos, es importante implicar a todos en el proceso de recopilación y análisis, fomentando la transparencia y la comunicación entre los miembros del equipo y estableciendo objetivos y expectativas claras.*

## Nivel 7: Todos los miembros del equipo toman decisiones basadas en datos

¡Genial! Como has visto, los marcos del manejo de datos son complejos y, dependiendo del nivel en el que te encuentres, ésta es un área que requiere de atención constante. Lo más probable es que contrates o tengas personas responsables de este tipo de tareas. En mi experiencia, configurar bien los datos es lo más importante. Si empiezas a trabajar en ello más tarde, estarás intentando "parchar" los agujeros y habrás "perdido" tiempo o datos valiosos y oportunidades que pudiste aprovechar. En las grandes empresas, esta parte de su negocio es esencial y te dedican muchos recursos.

Según McKinsey, el 20% de los beneficios se destinan directamente a las capacidades basadas en datos.

No se puede subestimar la importancia de las decisiones basadas en datos. En el mundo empresarial actual, los datos son una pieza clave. La capacidad de tomar decisiones basadas en datos, en lugar de la intuición o las suposiciones, puede significar la diferencia entre el éxito y el fracaso.

Permiten a las empresas ser más ágiles y responder mejor a los cambios, ayudan también a evitar tomar decisiones que podrían tener consecuencias negativas.

**Nivel 8: Contamos con un marco de trabajo para el almacenamiento de datos en el que los miembros del equipo de data cumplen un rol importante a la hora de identificar potenciales indicadores para la medición de datos, además de que son proactivos en la elaboración de los informes. Son un activo realmente importante para la empresa.**

Buen trabajo. Ya han avanzado mucho. Los datos son fundamentales y no es fácil integrar un marco. Lo más importante es adaptarlo a su organización. Hay marcos de gestión de datos en los que se ve la necesidad de definir las siguientes partes:

1. Calidad de los datos
2. Políticas y normas
3. Gestión de metadatos
4. Riesgo y control de datos
5. Manejo de datos maestros
6. Arquitectura de datos

En las empresas en fase inicial, no es necesario profundizar y complejizar. Como mínimo, deberías ser capaz de entender que, a medida que la empresa crece, necesitas reforzar cada parte de sus fundamentos.

Encontrar y corregir errores en los datos supone un ahorro eficiente. Es importante dedicar tiempo a mejorar la calidad de los datos. En última instancia, si no se almacenan bien, no podrás obtener el conjunto de datos para analizar o perderás información que te pudiera indicar la dirección correcta.

A medida que tu equipo crece, es importante establecer normas y políticas de datos que les ayuden a hablar el mismo idioma cuando empiecen a tener entregables. Algunos ejemplos de normas:

"Los datos sobre usabilidad deben ser consistentes en todos los productos digitales"

"Nuestros datos deben estar disponibles y ser claros para que podamos entender cómo repercute el uso de nuestro producto en los usuarios Premium"

### *Ejemplo de normas políticas:*

- *Nuestras mediciones de Mixpannel\* serán la fuente de la verdad sobre el registro de la usabilidad de nuestros usuarios.*

- *El jefe de producto será responsable de la exactitud y consistencia de los datos de uso.*

- *Todos los miembros del equipo serán responsables de la precisión y consistencia de los datos de uso.*

*\*mixpannel es una herramienta que te ayuda a convertir, captar y retener más usuarios con los insights que puede obtener de los datos.*

### *Ejemplo de normas de datos:*

*Para poder disponer de datos consistentes sobre el "compromiso" de los usuarios, tenemos que definir el estándar que esperamos cuando registramos esta información.*

*Un ejemplo es cuando registramos información sobre un evento de reembolso de un usuario.*

1. *invoice_id: FK de las facturas*

2. *subscription_id: FK para suscripciones*

3. *user_id: FK para usuarios*

4. *fecha_reembolso: DATE*

5. *importe_reembolso: INT o numérico*

6. *is_total_refund: BOOL*

### Manejo de datos maestros:

Son el conjunto maestro y la única fuente de verdad. Si recopila muchos datos, debe definir sus datos maestros. Estos serán los datos en los que se basará toda la organización cuando tenga que tomar una decisión. En mi experiencia, aquí es donde se cometen los mayores "errores", ya que las personas toman decisiones basadas en un conjunto de datos que no son "datos maestros" y se arriesgan a tomar buenas decisiones basadas en un conjunto de datos o contexto erróneos.

La clave para sacar el máximo partido a sus datos es disponer de datos maestros lo más limpios posible.

Si tiene registros duplicados o datos erróneos en sus datos maestros, no podrá sacar el máximo partido de los datos.

# Fundamento 3: Fundamentos de las personas y mentalidad de crecimiento

Las personas son la base de una empresa y es fundamental tener unos fundamentos sólidos. Este fundamento te permitirá comprender en qué aspectos debes trabajar para mejorar. La clave está en recurrir a los stakeholders responsables del desarrollo de las personas en la empresa.

Es importante identificar a las personas con la mentalidad adecuada para hacer las cosas. Deben tener la actitud de "puedo hacerlo" y el ingenio para superar cualquier obstáculo. Documentar el aprendizaje es clave para la mejora continua. Cuestionar el status quo y tener la capacidad de hacer las preguntas adecuadas son habilidades importantes que cualquiera puede aprender. También el no ejecutar sin entender el por qué debe hacerlo.

Todo el mundo está en la capacidad de adquirir esas habilidades o mejorarlas si ya las tienen, solo que algunos las han desarrollado mejor o tienen mayor disposición a practicarlas de la manera adecuada.

En la Matriz de Habilidades en 10growthfoundations.com puedes hacer una evaluación con tu equipo e identificar si hay algunos rasgos que les podrían estar faltando. Es una gran herramienta para trabajar con RR.HH. en el desarrollo de las personas de tu equipo o para identificar las características de las personas que contratarás en el futuro.

Contar con la capacidad de priorizar y mantenerse enfocado es esencial. La definición de una mentalidad adecuada para el trabajo depende de los valores de la empresa. Como mínimo, una empresa debe contar con un equipo que tenga la mentalidad correcta para ella, que comparta lo aprendido y que fomente una cultura que promueva estos valores. Al final, las personas son la clave del éxito de la empresa.

Preguntas para identificar la calidad de tus fundamentos, responde con un sí o un no. Si la respuesta es afirmativa, avanza al siguiente paso:

1. Soy capaz de identificar a las personas de la empresa que tienen la mentalidad adecuada.

   a. Tenemos un equipo con la mentalidad adecuada.

2. Se tienen y comparten marcos de trabajo para compartir y educar esta mentalidad.

3. Tenemos valores que se pueden combinar fácilmente con la mentalidad de crecimiento.

4. Tenemos una cultura que promueve el aprendizaje compartido

5. La mayor parte de la organización tiene la mentalidad adecuada

## Fundamentos de las personas y mentalidad de crecimiento

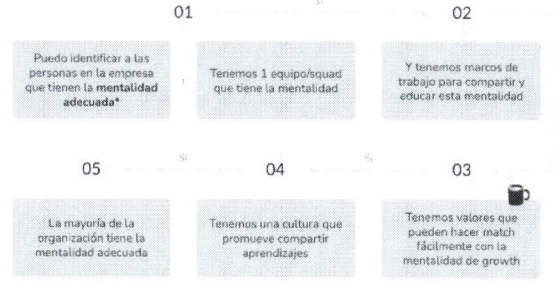

*Ejemplo:*

*Cómo identificar a las personas adecuadas y elegir las batallas correctas. Cuando trabajas en una gran organización es difícil cambiar toda la empresa a la vez. Tienes que encontrar pequeñas victorias u oportunidades para contagiar la motivación a los demás. Asegúrate de que sean ellos los que brillen y empiecen a predicar la nueva forma de trabajar.*

*Tuve el reto de internalizar una startup que fue adquirida por una gran empresa en Holanda. Trasladar una Startup a lo corporate que ya cuenta con mucho más "burocracia" y procesos complejos no es un reto para nada fácil. La empresa en cuestión era la líder del mercado, pero para la gran corporación -el servicio de la startup que adquirió- era "sólo un producto adicional para brindar a los clientes". Era una empresa de contenidos B2B donde los equipos estaban muy aislados.*

*Es normal que las grandes empresas tengan varios (en este caso, cinco) responsables de marketing que representan productos que se complementan entre sí, pero no estaban alineados. Estos vendedores tenían un presupuesto y tenían que negociar para* conseguir el presupuesto adecuado. Nunca dieron un paso atrás para preguntarse. ¿A quién servimos? ¿Cómo podemos adoptar un enfoque holístico? Estaban centrados en alcanzar sus P&L como propietarios del marketing de producto.

Es normal que las empresas crezcan y desarrollen más productos para sus clientes. Sólo que olvidan que en determinado momento ya es hora de cambiar de personas o de mentalidad o de estructura (más adelante) para ser más exitosos.

La clave está en crear un enfoque para conseguir que las personas correctas tengan la mentalidad adecuada. Hay que conocerlos y hacerles las mismas preguntas 1-1 en términos de evaluación y comprensión del negocio. Esto me ayudó a identificar a las personas que estaban abiertas al cambio y que daban las respuestas adecuadas a mis preguntas, para conseguir que fueran mis primeros aliados a la hora de dar pasos lentos hacia la nueva forma de trabajar.

Las preguntas que formulé me ayudaron a comprender quién estaba en condiciones de hacerlo:

- Reflexionar sobre la forma de trabajar actual y entender por qué trabajamos así.

- Comprender si se sentían cómodos en su puesto o tenían alguna frustración oculta con el equipo o el producto del que eran responsables.

- Compartir aprendizajes y cosas que funcionaron en el GTM (go to market) de sus productos (y quién no quiso compartir esos aprendizajes).

- Compartir para conseguir la participación del mayor número de stakeholders.

- Identificar a las partes interesadas (stakeholders internos) en el equipo (la empresa es enorme y te sorprendería la cantidad de personas que ostentan una responsabilidad grande).

- Compartir si estaba permitido el "fracasar" y tomar aprendizajes de ello.

*Vi que el fracaso no era una opción en la empresa, y mucha gente decía que podíamos fracasar, pero al final intentaban "culpar" a otros cuando las cosas no salían bien.*

*Como el equipo que construyó el producto ya había hecho un gran trabajo presentando nuestro nuevo producto a ejecutivos de nivel C, teníamos más ancho de banda (capacidad) para hacer las cosas. Por otro lado, teníamos gente a la que te iba mejor si el producto fracasaba. Así es, política interna en la que la gente piensa en sí misma en lugar de en lo que es mejor para la empresa.*

*Como la empresa contaba con más de 30 especialistas en marketing que trabajaban en cuatro unidades de negocio, pude identificar a personas que tenían la misma idea de hacer las cosas más centradas en el cliente y alineadas con un enfoque holístico. Dimos pequeños pasos y mostramos casos de negocio para iniciar "experimentos" y compartir aprendizajes, aunque fracasáramos. Lo hicimos de forma estructurada, y todos los viernes las partes interesadas podían obtener enseñanzas sobre marketing. Lo hicimos lo más sencillo posible. Así conseguimos que la gente se interesara por ver cómo funcionaban las cosas y cómo podían aplicarlo a sus productos. Eso hizo que cada vez más gente se interesara hasta que se les ocurrió el nuevo enfoque centrado en el cliente por su cuenta.*

# Nivel 1: Cómo identificar a las personas con la mentalidad adecuada

Si quieres conectar con las personas adecuadas de tu organización que tienen una mentalidad de crecimiento, primero tienes que entender cuál es la mentalidad adecuada en tu organización. En función de los valores puedes ver qué es importante para los líderes.

En mi opinión, hay algunas cosas importantes para asegurarse de que uno está conectando con las personas adecuadas para marcar la diferencia en la oficina.

1. Ownership/ Responsabilidad

    a. No hay excusas.

    b. Hay convicción.

    c. Comprensión completa de los procesos empresariales.

    d. Piensa de forma crítica y cuestiona.

    e. Piensa de forma pragmática y sencilla.

2. Piensa en términos de oportunidades o retos frente a problemas.

3. Dispuesto a fracasar y aprender.

4. Y compartir ese aprendizaje con otros miembros del equipo.

Para identificar a estas personas en tu equipo, tienes que establecer contactos con otros miembros del equipo que probablemente no trabajen directamente contigo. Me propuse establecer contactos en la empresa (al menos dos reuniones a la semana) para conocerlas e intentar comprender el panorama general. Me ayudó a identificar a estas personas y mantener charlas de seguimiento para compartir impresiones y colaborar o participar en proyectos conjuntos para darlos a conocer a la organización interna.

## Nivel 2: Se tienen y comparten marcos de trabajo para compartir y educar esta mentalidad

"Marco de trabajo" es un gran concepto, lo más importante es tener espacios donde motivar la mentalidad correcta. Tenerlo en los rituales de la empresa es uno de ellos. A continuación pondré algunas cosas que considero necesarias para poder establecerlo:

1. Tener un ritual dentro del equipo o grupo donde se pueda:

    a. Compartir aprendizajes y los fracasos semanales.

    b. Motivar y celebrar el comportamiento correcto en el equipo.

Si aún no es posible, intenta ser proactivo y compartir cosas desde tu lado que consideres son importantes para compartir. Asegúrate de que el entorno es seguro y de que puedes compartir estos aprendizajes sin que te salga el tiro por la culata.

Si el tiro sale por la culata, asegúrate de gestionar a las partes interesadas y mostrarles cómo utilizar estos conofundamentos para llegar "más rápido" o más cerca de los objetivos. Si se hace bien, los demás verán que está bien compartir lo aprendido de las cosas que no salen según lo planeado.

**Algunos consejos para fomentar esta mentalidad en un equipo:**

1. Asegúrate de recibir correos electrónicos semanales sobre las "victorias/hallazgos" para compartirlos con el equipo y las demás partes interesadas.

2. Ten un espacio en las reuniones entre equipos para compartir aprendizajes y resultados.

3. Consigue un espacio en las reuniones de la empresa para animar a los miembros del equipo a compartir abiertamente sus éxitos y fracasos para aprender de ambos.

4. Fomenta un espíritu de colaboración y apoyo mutuo.

5. Anima a los miembros del equipo a experimentar y asumir riesgos.

6. Ofrece oportunidades para que los miembros del equipo reciban comentarios y asesoramiento.

7. Ayuda a los miembros del equipo a desarrollar objetivos claros y alcanzables.

En la práctica, veo grupos o equipos que funcionan mejor que otros, y con un simple doble clic se puede averiguar por qué o cómo estos equipos tienen más éxito. La mentalidad antes mencionada forma parte de ello. He visto muchas veces que nadie asume responsabilidades y los resultados no se alinean entre los que pueden compartir producto o el equipo de tecnología, con la frase de que están "haciendo su trabajo", pero por esas faltas de alineación, puede haber tareas que se pasen por alto para el equipo de tecnología y simplemente todos "seguimos adelante" sin haber resuelto el problema principal.

## Nivel 3: Tenemos valores que se pueden alinear fácilmente con la mentalidad de crecimiento

Como se mencionó en el capítulo sobre los fundamentos y valores de la empresa, es realmente importante lograr que coincida uno de los valores, pues facilita dar el siguiente paso. Si los tienes y están reforzados en la empresa o en los grupos a los que te trasladas, te ayudará mucho y te ayudará a llegar al siguiente peldaño de la escalera: una cultura que promueva el aprendizaje compartido.

Por ejemplo, en Crehana cambiamos nuestros valores durante la pandemia. El mundo cambió y tuvimos que centrarnos en otro tipo de valores porque estábamos en una situación muy diferente como empresa, por lo que tuvimos que adaptar nuestra forma de trabajar.

El equipo decidió añadir valores como "Abrazar la incertidumbre" y "Ser un owner". No sabíamos lo que nos depararía el futuro y realmente necesitábamos aceptar la incertidumbre y ser flexibles en ciertos cambios que pudieran surgir.

## Nivel 4: Tenemos una cultura que fomenta el aprendizaje compartido

Depende mucho del tipo de empresa para la que trabajes y qué tipo de cultura tengan. A veces hay una cultura escrita en papel y otra que se practica en la realidad. No estoy seguro de que eso sea lo correcto, pero lo he visto suceder en varias empresas. Para tener una cultura que promueva el aprendizaje compartido, es importante empezar desde el nivel más alto. Si eres el CEO y quieres que otras personas compartan su aprendizaje, podría ser un buen comienzo compartir tu aprendizaje en una reunión a nivel de la empresa o en una reunión con ejecutivos senior.

Después de eso, en la empresa las personas pueden entender que todos tienen una curva de aprendizaje y que está bien compartirla. Por supuesto, dependiendo de tu rol o nivel, el aprendizaje puede tener un impacto en tu negocio (positivo o negativo). Lo más importante es asegurarte de tener documentados estos aprendizajes y tener los siguientes pasos en su lugar para evitar los mismos errores en el futuro.

Tener la cultura no significa que todos los equipos la vivan. A veces hay gerentes que no gestionan bien por sentir la presión y no brindan la oportunidad de aprender porque consideran que no pueden permitirlo, o los objetivos son tan "difíciles" que todavía tienen que hacer "micro management" a su equipo, lo que condiciona el aprendizaje para que solo provenga de las direcciones que él o ella da. Está bien tener algo de eso a veces pero no es bueno tenerlo todo el tiempo. Asegúrate de tener estas sesiones de mantener, empezar y detener con el equipo para corregirlo de la manera correcta. Te ayuda a mejorar la forma de trabajo dentro del equipo.

Si eso no es posible, trata de invitar a otros "gerentes" a hacer una evaluación en el equipo para obtener un aprendizaje compartido de otros líderes. Algunas empresas tienen una política de rotación para las áreas dentro de la empresa.

Algunos consejos para crear una cultura de aprendizaje compartido incluyen:

1. Alentar a los empleados a compartir su conocimiento y experiencia con otros.

2. Volver disponibles oportunidades de aprendizaje para todos los empleados.

3. Alentar a los empleados a hacer preguntas y buscar retroalimentación.

4. Premiar a los empleados por participar en el aprendizaje compartido.

5. Fomentar una cultura de apertura y colaboración.

## Nivel 5: Sólo tenemos un equipo que tiene la mentalidad

Estupendo. Existe una cultura, tienes un equipo que lo está haciendo bien. Si es el equipo de crecimiento, deberías evaluar si están haciendo por cuenta propia lo siguiente. Andrew Capland, especialista en crecimiento con amplios conocimientos, lo resume en 9 puntos clave:

- Saben cómo elaborar un modelo de crecimiento.

- Entienden a sus clientes y las tareas a realizar.

- Pueden analizar ambos para encontrar potenciales oportunidades.

- Pueden utilizar ese análisis para desarrollar una estrategia.

- Saben comunicar esa estrategia a la alta dirección.

- Saben cómo alinearse con los equipos de marketing y producto.

- Pueden dirigir un sistema operativo de crecimiento de alto impacto.

- Comprenden que los experimentos son una herramienta de aprendizaje.

- Capacitan constantemente a otros equipos con esos aprendizajes.

Si reúne los rasgos anteriores e identifica todos los fundamentos de este libro, estará preparado para alcanzar el éxito. Es fundamental dominar no sólo las herramientas, sino también las habilidades interpersonales que las acompañan.

# Nivel 6: Toda la organización tiene la mentalidad adecuada

No es fácil conseguir que todo el equipo esté de acuerdo. No pasa nada si algunos departamentos no la tienen, pero sería ideal que todos lo comprendieran.

Descubrirá que algunos grupos o personas tendrán su propia receta para hacer que las cosas funcionen. Cada persona es única y hay que descubrir cómo sacar lo mejor de ellas. No todo tiene que ser exactamente igual. Otros equipos o personas pueden centrarse en algo que les motive más que otros aspectos en la empresa. La clave está en entenderlo y adaptarse.

Para formar un equipo y tener la mentalidad adecuada, también hay que establecer conexiones personales con otros compañeros. Encuentra intereses comunes o entiende qué motiva a la otra persona. Si sólo tienes los "rituales" de trabajo puede funcionar, pero es mucho más gratificante tener ambos.

### ¿Cómo intento encontrar a las personas adecuadas para el equipo en el que trabajo?

Cuando trato de identificar a las personas, intento buscar criterios y utilizar el pensamiento crítico. Esto es muy difícil de entrenar y requiere tiempo y experiencia. Hay tres cosas sencillas que pueden mejorarlo:

1. Cuestionar los supuestos.

2. Razonar con lógica.

3. Busca colaboraciones con diferentes personas para aprender y salir de tu zona de confort.

En algunos casos, encontrarás personas que se sienten cómodas con su forma de trabajar y no quieren cambiar demasiado sus hábitos de trabajo. La clave aquí es asegurarse de que puedan asistir a eventos o reuniones en los que puedan ver a sus colegas obtener resultados con la nueva forma de trabajar, para que casi al instante quieran replicar lo mismo. Costará esfuerzo conseguir que cambien, pero paso a paso deberían ir en la dirección correcta.

Si no funciona, acéptalo. Asegúrate de que no sean posiciones críticas en tu organización y permite que destaquen a su manera.

# Fundamento 4: Departamentos y estructuras

Departamentos, Estructuras y el Fundamento de las Personas y Mentalidad están muy unidos. Decidí separarlas porque las personas son súper importantes y necesitan un enfoque especial. Las estructuras y los departamentos evolucionan y pueden cambiarse en función de las personas que tienes o viceversa. No soy un alto directivo de RRHH o especialista en esta parte, pero en mi opinión es clave entender cómo funciona este fundamento en tu empresa.

Es fundamental identificar a los líderes de cada departamento y programar una reunión para entender sus objetivos personales y laborales. Esto te ayudará a entender cómo cada departamento tiene sus propios objetivos. En el mejor de los casos están alineados con otros departamentos, de modo que cuando ambos departamentos se centran juntos en algún proyecto, se puede obtener un multiplicador en la productividad.

Te sorprendería saber cuántas veces se piensa que los departamentos están alineados, pero en la práctica no es así. Con una simple entrevista de 30 minutos puedes identificar los objetivos personales y profesionales del departamento y de su equipo. Esto te ayudará a identificar oportunidades de mejora, pero lo más importante es que podrás alinear tus objetivos con los de otros responsables en esos departamentos.

No funcionará impulsar un nuevo producto si su equipo tecnológico y de producto tienen prioridades diferentes. Este es el momento de entender cómo funcionan las cosas en los departamentos y cómo estas estructuras te ayudan a crecer de forma eficiente (o ineficiente)..

**La estructura perfecta para las reuniones de introducción (nuevos miembros):**

1. *Intro personal y conocerse (cuanto más personal, más info se puede obtener) 5 min.*

2. *¿Qué necesito saber sobre la empresa? 5-10 min.*

3. *Objetivos: 10 min.*

   a. *Objetivos a corto plazo (personales y profesionales).*

   b. *Objetivos a largo plazo (departamento o equipo).*

4. *Con quién necesito hablar para entender mejor "x" tema - 3min.*

5. *Recapitulación rápida de la reunión y propuesta con los accionables (en caso se requiera) - 2 min.*

*La reunión no significa que no vuelvas a hablar con esa persona. Es clave empezar bien. En mi experiencia, recomiendo ser el primero en presentar y haber practicado tu "discurso personal". El objetivo es compartir tus experiencias y gustos personales. Cuando me toca hacerlo a mi, por ejemplo:*

- *Casado y con 3 hijos preciosos.*

- *Me encanta estar con mi familia.*

- *Me encanta la barbacoa y la "caja china*".*

- *Jugar y ver fútbol.*

- *Ver Formula 1.*

- *Jugar al tenis.*

- *Y hacer crecer empresas de forma eficiente.*

*Luego comparto mi función y/o experiencia profesional para generar la "autoridad" necesaria para entablar una relación con mi interlocutor.*

*Comparto esos temas para establecer una conexión significativa, pero también para entender lo que te gusta hacer (personalmente) a quien me está escuchando. Intento encontrar o descubrir intereses comunes y los apunto para poder ponerme en contacto con ellos si ocurre algo interesante relacionado a sus intereses. No todo son negocios.*

*Si realmente lo haces te traerá grandes conexiones. No funciona bien si no compartes nada y esperas obtener información personal de la otra persona. Es más difícil obtener más si la otra persona ha empezado primero. Intenta abrir la conversación primero.*

*Si te has presentado y la otra persona no está compartiendo sobre temas "personales", puedes preguntar cosas como: ¿Qué te gusta hacer en tu tiempo libre o después del trabajo? Y después de eso, profundiza en el negocio y sus responsabilidades.*

*La segunda parte de la reunión es el mejor momento para obtener toda la información posible sobre tu entrevistador. Intentarán contarte todo lo posible. Puedes hacer doble clic en algunas partes si necesitas entenderlas mejor.*

*La tercera parte es clave para construir tu rompecabezas de cómo las personas se relacionan con los objetivos personales y de la empresa y si están o no alineados con otros equipos. Verás los desajustes y esto puede ayudarte a trabajar con diplomacia hacia un objetivo común o, si eres un alto directivo, podrás devolver esta información al equipo y hacer las preguntas adecuadas para que avancen en la dirección correcta.*

*La cuarta parte consiste en aprender de otras personas que puedan ser importantes para tu función con las que también puedas hablar. Ten claro qué es importante para que tu función tenga más éxito y qué es lo más relevante para el "networking de la empresa".*

*Por último, haz un rápido resumen de 2 minutos sobre la reunión y, si es necesario, sugiere accionables o próximas reuniones de control para mantenerse actualizados, luego agradéceles su tiempo y su ayuda para comprender mejor el negocio.*

*\*Caja china es una barbacoa (caja) donde se puede colocar un buen trozo de carne y unas horas más tarde se puede obtener un delicioso platillo.*

Nivel del fundamento de Estructuras y Departamentos:

1. todos los departamentos tienen objetivos diferentes y no están alineados con los objetivos de la empresa.

2. Los departamentos que deberían estar alineados, lo están. Tienen algunos objetivos comunes (relacionados) sin estructuras claras.

3. La mayoría de los departamentos están alineados y existen estructuras claras de fijación de objetivos.

4. Los departamentos toman decisiones para estar aún más alineados hacia el éxito y están dispuestos a quitar prioridad a sus iniciativas por un bien mayor.

5. Todos los departamentos están alineados. Tienen un entendimiento común y la alta dirección parece estar súper en sintonía (formar un buen equipo).

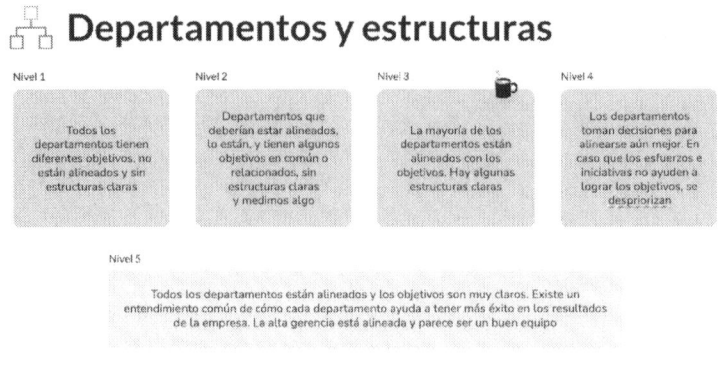

## Departamentos y estructuras

| Nivel 1 | Nivel 2 | Nivel 3 | Nivel 4 |
|---|---|---|---|
| Todos los departamentos tienen diferentes objetivos, no están alineados y sin estructuras claras | Departamentos que deberían estar alineados, lo están, y tienen algunos objetivos en común o relacionados, sin estructuras claras y medimos algo | La mayoría de los departamentos están alineados con los objetivos. Hay algunas estructuras claras | Los departamentos toman decisiones para alinearse aún mejor. En caso que los esfuerzos e iniciativas no ayuden a lograr los objetivos, se despriorizan |

Nivel 5

Todos los departamentos están alineados y los objetivos son muy claros. Existe un entendimiento común de cómo cada departamento ayuda a tener más éxito en los resultados de la empresa. La alta gerencia está alineada y parece ser un buen equipo

ΛUKE

## Nivel 1: todos los departamentos tienen objetivos diferentes y no están alineados con los objetivos de la empresa.

Es bueno saber en qué nivel se encuentra. Habrá mucho trabajo por hacer y, dependiendo del liderazgo, podrás dar algunos pasos en la dirección correcta. Trabajar en una empresa que padece de esto puede estar relacionado a tres factores:

1. Hay hipercrecimiento y no hay tiempo para alinearse bien.

2. La dirección no está alineada y no hay estructuras para alinearse dentro de la dirección.

3. No hay comunicación sobre los objetivos, no hay alineación y no hay prioridades claras para la empresa.

No es necesariamente malo tener objetivos diferentes si contribuyen a hacer avanzar el objetivo principal de la empresa. Recuerde que cada departamento puede tener objetivos distintos. Solo asegúrate de que estén relacionados con el objetivo principal de la empresa. Si no lo están, asegúrate de alinear los equipos con lo que es más relevante para la empresa.

Los líderes deben volver a la mesa de dibujo porque con unos pocos ajustes lo más probable es que puedan desbloquear un gran crecimiento. Asegúrate de que pueden dejar a un lado sus egos y ayúdales a comprender el objetivo de la empresa. Las personas están ahí, las estructuras están ahí; sólo hay que asegurarse de que entienden claramente hacia dónde tienen que ir.

Hay muchas formas de conseguirlo. Deja que las personas tengan una idea clara de adónde tienen que ir y, si está rodeado de las personas adecuadas, irán hacia allá.

En entornos de hipercrecimiento, puede ocurrir que los equipos no estén alineados, y eso podría "arreglarse" con relativa facilidad. A veces hay que aceptar ser menos eficiente para crecer. Asegúrate de haberlo identificado y de poder trabajar en alinearlos pieza por pieza para que los equipos sean más eficientes. He visto grupos y equipos alineados que sienten que trabajan para 80 personas cuando sólo son 20. Eso no significa que trabajen más, tienen objetivos claros. Priorizan bien, tienen una buena forma de trabajar y de comunicarse, entienden por qué hacen las cosas en las que trabajan y, por último, están alineados. Es importante hacer menos pero tener más impacto

Por ejemplo, en mi etapa en Crehana, fue un bonito reto pasar de un modelo transaccional B2C a un modelo de afiliación B2C y, más tarde, ver cómo podíamos pasar poco a poco del B2C al modelo B2B. Esto se traduce en que hay equipos o departamentos con objetivos diferentes y que a veces "compiten" entre sí. Siempre lo he visto como un enorme potencial para desbloquear el crecimiento de la siguiente etapa de la empresa. ¿Cómo puedes tener a estudiantes, clientes y a tu propio equipo como potenciales embajadores de la marca cuando al mismo tiempo estás intentando vender el servicio a otras empresas y sus cursos para mejorar profesionalmente?

Si crees que ya puedes pasar al nivel 2 de este fundamento, hay algunas cosas que podrías hacer. Dependiendo de tu función puede haber enfoques diferentes.

Por ejemplo, si eres jefe de departamento o jefe de un equipo, puedes empezar por asumir la responsabilidad o el control. Asegúrate de que tu equipo o departamento está alineado con los objetivos de la empresa. Pregúntate si las cosas que están haciendo repercuten realmente en los resultados buscados. También puedes preguntar a los líderes de otros equipos, intentar encontrar puntos en común y mencionarlo. Deberías ser capaz de dejar tu ego a un lado en busca de un bien mayor.

## Preguntas que puedes hacerte:

1. ¿Cómo influye mi área o equipo en el objetivo de la empresa?

2. ¿Cómo se cuestiona mi área o equipo si trabajan en las tareas correctas?

3. ¿Cómo se organiza mi equipo?

4. ¿Cómo prioriza mi equipo?

5. ¿Cómo se reorganiza mi equipo cuando surgen otras prioridades o cómo ayudamos a los demás?

6. Mi equipo comprende perfectamente su papel en todo el proceso y tiene puntos en común o de contacto con otros stakeholders para tener el mayor éxito posible.

A partir de ahí, puedes trabajar en las cosas que has identificado. Por otro lado, primero ayuda a alinear a tu equipo con los objetivos de la empresa y asegúrate de que realizas la coordinación adecuada con otros stakeholders. Realiza las preguntas adecuadas a tu superior directo. Asegúrate de que entiendes los objetivos y por qué específicamente son esos y no otros. Intenta pensar (o ayudar a tu jefe a pensar) sobre estos objetivos basándote en tu experiencia, y cuestiona (o comprende) completamente el porqué de cada objetivo.

Puede que no estés de acuerdo con los objetivos, pero en una relación profesional sana, puedes expresar tu opinión y llegar al objetivo correcto. Acepta el resultado y apóyate al 100% en esos objetivos porque necesitas trabajar con tu equipo para alcanzarlos. He visto muchos momentos en los que la gente, cuando se te pregunta por los objetivos, dice: "Porque lo dice Miguel". Si obtienes esa respuesta, no están entendiendo lo suficiente el porqué de ese objetivo.

## El especialista independiente

No tienes personas a las que dirigir. Participas en la empresa y ayudas a alcanzar sus objetivos. Algunas cosas que debes tener claras antes de empezar a plantearte algunas preguntas sobre objetivos:

- Debes tener claras tus metas u objetivos personales.

- Debes entender cómo repercute tu trabajo en los demás miembros de la empresa.

- Debe comprender los fundamentos de crecimiento de la empresa.

- Debe comprender la misión y los valores de la empresa.

- Debe comprender los fundamentos de los datos y el marco de información.

**Los otros fundamentos con una comprensión básica:**

- Departamentos y estructuras

- fundamento de pruebas y aprendizaje continuo

- Fundamento financiero

- Fundamento técnico

- Fundamento del cliente y la competencia

- Fundamento de operaciones

Cuando hayas hecho este ejercicio, podrás entender por qué algunas cosas van como van y te ayudará a hacer las preguntas adecuadas a las personas correctas.

**Preguntas que puedes hacer cuando tengas una mejor comprensión**

1. ¿Por qué tenemos que centrarnos en el objetivo A?

Recibirás una explicación de tu jefe y, a partir de ahí, podrás hacer algunas preguntas adicionales de seguimiento.

2. ¿Cómo afecta esto al departamento B? - El departamento debe ser consciente o también trabajar en ese objetivo A para alcanzarlo más rápidamente.

3. ¿Cuáles son los objetivos del departamento B? - Comprueba si el manager tiene un amplio conocimiento de otros equipos y objetivos.

4. ¿Por qué el departamento B no tiene un objetivo similar a nuestro objetivo A? - Aquí entenderás por qué ese departamento no tiene ese objetivo similar o quizás entenderás cómo esos otros objetivos están ayudando a que se cumplan esos objetivos comunes.

Este es sólo un pequeño ejemplo de cómo puede obtener una mejor comprensión. Recuerde que los líderes suelen tener más información a su alcance y pueden darle argumentos y datos de por qué creen que es el camino correcto en este momento. Recuerde también que "muchos caminos llevan a Roma", no hay un único camino. Hacer las preguntas adecuadas te ayudará a comprender mejor los caminos hacia el éxito.

## Nivel 2: Los departamentos que deberían estar alineados, lo están. Tienen algunos objetivos comunes (relacionados) sin una estructura clara.

Como se mencionó en el nivel anterior, hacer este ejercicio te ayudará a entender la configuración de los objetivos y por qué estos podrían no estar alineados. Con ello obtendrás recursos para trabajar hacia el Nivel 2. Asegúrate de elegir bien tus batallas. Identifica a las personas adecuadas con las que mantener esta conversación para alinearte un poco más. Si eres un jefe de departamento o un jefe de equipo, será como jugar un partido de fútbol totalmente diferente en comparación a cuando eres un "especialista independiente". Lo más probable es que el especialista independiente acuda al jefe o al líder para hacer preguntas, sugerir soluciones e intentar colaborar con otros miembros de la empresa para estar más alineados.

Como ya se ha dicho, tener objetivos diferentes no es necesariamente malo. Lo importante es entender por qué esos objetivos son diferentes. Una vez entendido esto, puedes intentar estar más en sintonía o cambiar los objetivos de tu equipo/departamento para conseguir un efecto multiplicador y hacer que las cosas avancen más rápido. A veces tiene sentido ayudar a otros equipos con los recursos del tuyo para poder colaborar en los proyectos a futuro.

Cuando estás más alineado, hay un entendimiento común y mayor capacidad para la colaboración. Podrás argumentar a favor de ayudar a otros miembros del equipo o departamentos porque tendrá un mayor impacto en el objetivo común de la empresa. En algunos casos, acabarás no cumpliendo los objetivos personales que fijaste con tu jefe, pero sería comprensible desde su perspectiva, considerando el bien mayor. En las empresas donde los objetivos personales son más importantes que los objetivos del equipo o de la empresa, tu éxito definitivamente será más "lento".

En primer lugar, trabaja en tus objetivos personales que ayudarán a tu empresa a crecer más rápido. Debería ser posible poder cambiarlos/ajustarlos si es por el bien común. La dirección debería estar abierta a realizar esos ajustes. Aunque hay situaciones en las que las estructuras de RRHH no lo permiten. Es más complejo realizar esos cambios porque puede haber algunos incentivos sobre la mesa. Si ese es el caso, asegúrate de fijar los objetivos que te den la flexibilidad para poder cambiarlos.

En segundo lugar, en las grandes organizaciones suele haber beneficios personales por hacer que las iniciativas tengan menos éxito. Por desgracia, es una triste realidad en muchas empresas.

Asegúrate de comprender bien estas "jugadas" internas. El manejo de stakeholders (partes interesadas) se tocará con más detalle en partes posteriores de este capítulo.

En las grandes organizaciones, existen estructuras claras para los objetivos y su definición. Los objetivos deben (idealmente) estar en el sistema antes del 31 de enero para que tú los puedas firmar y comprometerte a cumplirlos.

## Nivel 3: La mayoría de los departamentos están alineados y existen estructuras claras para la definición de objetivos.

Si se encuentra en este nivel, va por buen camino. Los siguientes pasos serían que la alta dirección -o los departamentos- sean capaces de poder quitar prioridad a las diferentes iniciativas si contribuye a un bien común. Para llegar a este nivel, hay que tener en cuenta a la alta dirección, y el manejo de stakeholders será esencial. Como se ha mencionado en el nivel anterior, has sido capaz de identificar estas oportunidades y has identificado las barreras que te impiden llegar al siguiente nivel. Dependiendo de tu función, tienes algunas opciones para trabajar en esto desde la base:

1. Realiza una sesión con tu jefe y aporta las soluciones que veas que pueden solucionar los problemas.

2. Intenta hablar con otros departamentos o equipos para conocer sus prioridades. - Aquí puedes averiguar si hay algunos objetivos personales que te impiden pasar al siguiente nivel.

3. Realiza sesiones de actualización entre equipos para asegurarte de que puedes compartir tus avances, pero aún más importante, entiende los avances de los otros equipos y

ofrece ayuda cuando creas que es más importante que tus propios objetivos o los de tu equipo.

Esto no significa que tengas que quitar prioridad a todo tu trabajo, pero puedes dedicar algo de tiempo (10-20%) a ayudar a otros equipos a cumplir sus plazos y objetivos. Este es el primer paso para ayudar (sin dejar de priorizar). Asegúrate de que los stakeholders están informados para que puedas mostrar tu profesionalismo y ayudar a que otros equipos tengan más éxito.

## Nivel 4: Los departamentos toman decisiones para estar aún más alineados hacia el éxito y están dispuestos a quitar prioridad a iniciativas por un bien común.

Esta es la forma ideal de que los equipos trabajen juntos. La única diferencia entre los niveles 4 y 5 es si los equipos lo hacen porque tienen un entendimiento común o porque se les dice que lo hagan. Llegar a este punto es difícil, pero muy gratificante. Lo más probable es que veas equipos que trabajan juntos, se ayudan mutuamente y se comprometen a ayudar a cada miembro a tener éxito. Verás el potencial poder y velocidad de un equipo alineado con el que pueden lograrse ciertas iniciativas clave. Como organización, verás que algunas métricas se mueven más que a como lo hacían antes (positivamente), y los equipos y departamentos podrán volver a priorizar sus esfuerzos para alcanzar los objetivos más importantes de la organización.

## Nivel 5: Todos los departamentos están alineados. Tienen un entendimiento común y la alta dirección parece estar súper en sintonía y ser un buen equipo

Diseño de equipos felices y ganadores

Como has visto, es importante ser capaz de identificar este apartado. Te ayudará a pasar al siguiente nivel como equipo y a desbloquear algunas de las cosas más agradables y bonitas del trabajo. Por otro lado, este fundamento tiene una fuerte relación con tu base de datos. Sin datos, será mucho más complejo pasar a un nivel superior en el fundamento de departamentos y estructuras.

Para poder alinear correctamente, debe haber una relación en su base de datos. Puede hacer algunas preguntas a nivel de departamento relacionadas con estos datos.

**Reportes a nivel de departamento**

1. Sólo hacemos reportes en los equipos de management y estos no se alinean dentro de los departamentos.

2. Informamos en el equipo de management y en el segundo nivel de gestión.

3. Informamos en el equipo de management y en el tercer nivel de gestión.

4. Informamos a toda la empresa.

Es importante entender el nivel de manejo de los datos y reportes en los departamentos y el nivel del "fundamento de datos y reportes" que identificaste anteriormente. La mayoría de las veces, estos dos fundamentos se encuentran a un nivel similar.

Si ves que este fundamento no está tan bien desarrollado como te gustaría, puedes hacer lo siguiente: Consiga una reunión de 30 minutos con el ejecutivo de más alto nivel al que pueda acceder. Aproveche el tiempo para hacer las preguntas adecuadas. Averigüe si el alto ejecutivo ya ha identificado retos similares. Si está abierto a escuchar y tiene autoridad, puedes sugerirle que trabaje en un "proyecto paralelo" para alinear mejor las cosas.

Al fin y al cabo, puede que no sea la persona que tome esas decisiones, y si lo es, ya sabe cómo tomarlas basándose en los resultados de los fundamentos de personas, departamentos y estructuras.

*En las grandes empresas encontrarás más capas de gestión que en las pequeñas. En Crehana, estábamos trabajando en la segunda capa de gestión, y teníamos tres capas en total. Cuando trabajé en Holanda, la unidad de negocio tenía muchas más capas de gestión que una startup en fase inicial.*

*Lo que he visto es que es importante asegurarse de que los directivos de segundo nivel tengan los recursos necesarios para gestionar sus equipos adecuadamente. La mayoría de las veces se trata de personas con gran potencial o alto rendimiento en las empresas emergentes en fase inicial. Es la primera vez que tienen personas a su cargo y se enfrentan a muchos retos nuevos. Si no se gestionan bien, puede ser un proceso realmente frustrante para el directivo y para la persona que acaba de empezar a dirigir a su equipo.*

*Es un reto conseguir los objetivos o acuerdos establecidos para su equipo. Hay diferentes tipos de estilos y formas de comunicarlos según las formas y los valores de la empresa.*

*En Holanda vi que los departamentos y las estructuras no estaban al nivel que deberían. Había varias cuestiones en las que trabajar (esto es habitual en las grandes organizaciones):*

*1. El primer nivel de gestión estaba en su mayoría alineado.*

2. *Los directivos de nivel inferior no eran capaces de comunicar los objetivos a sus equipos.*

3. *Los objetivos personales eran más importantes que los objetivos específicos de la empresa.*

4. *La gente no se identificaba ni conectaba con los valores y la misión de la empresa.*

*Todo esto hacía que fuera muy difícil hacer algunas cosas. Vi de primera mano que +5 niveles de dirección + 4 unidades de negocio + una organización internacional volvían realmente complejo realizar lo que en otros lugares podría considerarse básico. Y aún así llevan muchos años en el negocio y se han adaptado con éxito al mercado de las maneras más diversas.*

*Con pequeñas victorias y una gestión adecuada de las partes interesadas/ stakeholders, el equipo fue capaz de integrar una nueva tecnología en la empresa. Aprendí mucho y tuve algunas frustraciones en ese momento, pero pude mejorar mi manejo de stakeholders. Fui capaz de identificar a las personas adecuadas para unir fuerzas, trabajar juntos y dar pequeños pasos hacia la dirección correcta.*

*Los datos fueron uno de los elementos clave que nos ayudaron a mostrar a otros responsables del negocio los insights adecuados que podían ayudarles a tener más éxito. Celebrar las victorias fue la forma de avanzar y asegurarse de que los equipos de los demás stakeholders pudieran recibir la atención positiva que necesitaban.*

# Fundamento 5: Pruebas y aprendizaje continuo

Como ya sabrás, es importante iterar para mejorar. Las pequeñas mejoras constantes son mucho mejores que unas pocas (grandes) mejoras de las que uno no puede estar seguro que vayan a tener el impacto buscado. Es importante que dispongas de un marco de trabajo para realizar pruebas y asegurarte de que puedes capturar/documentar los aprendizajes de esas pruebas. Ello servirá para darte una base que te ayudará a mantenerte organizado, a poner las cosas en marcha y a obtener los resultados buscados como equipo. ¿Dependes de otros departamentos para las pruebas (técnico/producto)? ¿Tienes otras partes interesadas en la empresa que necesiten conocer tus pruebas? ¿A quién quieres tener informado? ¿Cómo se organizan las pruebas? Éstas son algunas de las preguntas básicas que deberías plantearte para asegurarte de que estás haciendo lo correcto.

No contar con una base sólida para realizar pruebas, sin documentar estas adecuadamente y sin tener sus objetivos claros, puede llevarnos a buscar una aguja en un pajar. Es esencial alcanzar un buen nivel de comprensión y control de lo que intentamos validar con las hipótesis, ya que esto nos ayudará a enfocar y priorizar los experimentos o pruebas que tienen la finalidad de mejorar una métrica en específico.

La documentación permite mantener un registro que ayudará a no perder los conocimientos adquiridos y los aprendizajes cuando el equipo crece o cambia. En el caso de alcanzar un nivel aceptable de mejora en la métrica/ indicador, ya se podría cambiar el enfoque hacia otras métricas importantes.

Esto sirve para determinar en qué nivel te encuentras. Si es así, pasa a la siguiente pregunta.

1. Hago pruebas.

2. Hago pruebas y las documento.

3. Hago pruebas y las documento con objetivos y aprendizajes claros + una lista de accionables.

4. Tengo un backlog de pruebas donde las organizo..

5. Tengo un backlog de pruebas donde las organizo, donde hago seguimiento y priorizo con el equipo las nuevas/siguientes.

6. Trabajo con el backlog anterior de forma "flexible" en función de los resultados para no perder impulso.

7. Comparto los aprendizajes entre departamentos con un correo electrónico semanal donde envío los aprendizajes y los próximos pasos a todas las partes interesadas (plantilla) sobre las pruebas.

8. Tenemos una reunión de empresa en la que compartimos todo lo aprendido para mantener a todo el mundo informado.

Puedes empezar de la forma más sencilla posible cuando no necesites trabajar con otras partes interesadas/stakeholders. Por ejemplo, unos pequeños cambios de texto en tu página web pueden mejorar muchas cosas. Puedes tener un gran impacto con poco esfuerzo.

## ⟳ Pruebas y aprendizaje continuo

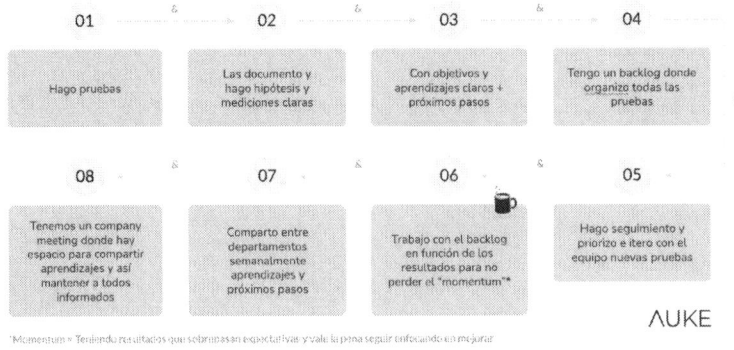

| 01 | 02 | 03 | 04 |
|----|----|----|----|
| Hago pruebas | Las documento y hago hipótesis y mediciones claras | Con objetivos y aprendizajes claros + próximos pasos | Tengo un backlog donde organizo todas las pruebas |

| 08 | 07 | 06 | 05 |
|----|----|----|----|
| Tenemos un company meeting donde hay espacio para compartir aprendizajes y así mantener a todos informados | Comparto entre departamentos semanalmente aprendizajes y próximos pasos | Trabajo con el backlog en función de los resultados para no perder el "momentum"* | Hago seguimiento y priorizo e itero con el equipo nuevas pruebas |

AUKE

*Momentum = Teniendo resultados que sobrepasan expectativas y vale la pena seguir enfocando en mejorar.

# Nivel 1: "Quiero" empezar a hacer pruebas

De no hacer pruebas a hacer algunas pruebas... Recomiendo ir directo a hacer pruebas y documentarlas con objetivos y aprendizajes claros + próximos pasos. Porque de nada a algo lo ideal sería llegar directamente al 3er nivel.

Para llegar ahí, debes tener claro cuáles son tus objetivos (y los de la empresa) y cómo tu rol y tu equipo pueden trabajar hacia esos objetivos. Las pruebas y el aprendizaje continuo ayudan de varias maneras:

1. La gente acepta los retos y desafían al status quo, cuestionando el por qué hacemos las cosas.

2. Ayuda a tener curvas de aprendizaje cortas en aspectos que son importantes.

3. Más aprendizaje como equipo y poder entender cómo mover esos números mientras se realizan las pruebas.

**Para poder saber qué probar, hay que entender algunas cosas:**

1. ¿Cuál es la métrica que te gustaría desafiar para mejorar?

2. ¿Cuál es la referencia de esta métrica en productos similares?

3. ¿Cuánto tiene que cambiar/mover esta métrica? ¿Es posible?

4. ¿Se ha trabajado ya con anterioridad en esta métrica o es relativamente nueva?

5. ¿Qué impacto tendría en la empresa conseguir mejorar esta métrica?

Haga esto con unas cuantas métricas que quiera mejorar y podrá ver el potencial... Lo más importante es que cuando empieces a conseguir victorias "fáciles", puedas mostrar esta forma de trabajar en tu equipo y hacer que los demás compañeros se "contagien" de ese entusiasmo y nuevo way of work para conseguir más (y mejores) resultados.

Una vez que hayas identificado la métrica que quieres mejorar, empieza a elaborar un sencillo documento de Excel en el que clasifiques las pruebas en función de la dificultad de ejecución y el impacto potencial en la métrica que se espera. Números sencillos entre 1-5, siendo 5 difícil y de alto impacto. Con esto podrás filtrar algunas pruebas que sean de baja dificultad en la ejecución y que puedan tener un alto impacto para empezar con esas. Dado que es la primera vez que haces la prueba, te recomiendo que empieces por las más "fáciles".

He realizado cambios muy simples basados en los datos del user journey que lograron tener un gran impacto en el negocio.

*En una de las startups en las que trabajé, estábamos enfocándonos en la adquisición de nuevos usuarios. Vimos que la comunicación se producía dos veces, en el lugar externo (página web de un tercero) donde comunicábamos y en la página de aterrizaje (nuestra web) a donde estábamos enviando las visitas. Nuestro objetivo era mejorar la experiencia del usuario y aumentar las inscripciones en nuestra plataforma. Esta era una de las páginas más visitadas, por lo que incluso una mejora del 0,1% sería una mejora muy significativa.*

*Ya teníamos una buena tasa de registro, pero con un simple cambio (eliminar contenido duplicado que ya comunicábamos externamente y hacer que el modal de registro fuera un "siguiente paso" natural), si llegaban a nuestro sitio, ya estarían lo suficientemente motivados como para registrarse. Nuestra hipótesis fue la correcta.*

*Duplicamos nuestra tasa de registro con un simple cambio y sin perder la calidad de los usuarios.*

*El usuario no necesitaba ver la misma información en nuestro sitio. Sólo querían actuar, y nosotros nos aseguramos de que pudieran hacerlo. Eliminamos todas las fricciones y dejamos claro cuál sería su siguiente paso.*

*BONUS: Si puedes identificar tus 3 puntos de entrada principales y asegurarte de que la experiencia de usuario es óptima, obtendrás grandes resultados - y punto.*

*Pequeño descargo de responsabilidad: A veces, añadir más fricción ayuda a conseguir que se registren los clientes adecuados (por la dificultad del registro, podrías obtener usuarios realmente interesados o de mayor calidad, dependiendo del producto o servicio que ofrezcas). Introdujimos una fricción que hizo que entraran más usuarios, mientras que la calidad bajó "un poco". Es normal. La gente vio el registro como un paso lógico y no tuvo la oportunidad de volver a leer el contenido. Al final fue una gran victoria.*

## Nivel 2: Documento las pruebas y sé por qué es importante hacerlo

La documentación es esencial. Te ayudará a ser organizado en los esfuerzos que estás desplegando. Coloca las cosas en contexto y te da un lugar al que siempre puedes regresar para revisar por qué decidiste hacer tal o cual prueba (hipótesis). También te obliga a poner por escrito en qué repercutirá (con los resultados esperados). Por último, el documento finaliza con los resultados, las lecciones aprendidas y las posibles iteraciones siguientes.

Cuando algunos miembros nuevos se incorporen al equipo o los miembros del equipo roten dentro de la organización, podrás ponerte al día más rápidamente. Hay otras ventajas, pero se irán aclarando a medida que avancemos por los niveles de este fundamento.

Al principio, de nuevo, intenta hacerlo sin muchas prisas. Será tu primera documentación e irás mejorando con el tiempo hasta que tengas el formato adecuado para ti y tu empresa.

**Para empezar el documento:**

1. Título.

2. Contexto, ¿por qué necesitamos realizar esta prueba? ¿Qué otros aspectos necesitamos considerar?

3. Hipótesis.

4. Pequeña descripción de la prueba que deseas realizar.

5. Cómo te gustaría medir la prueba.

6. Cuándo es que esta tiene éxito.

7. Tiempo estimado para el desarrollo de la prueba.

8. Resultados.

9. Pasos siguientes.

### *Ejemplo de documentación para la prueba:*

1. *Título: Aumentar un X% el ratio de registro sobre visitas de la página web principal.*

2. *Contexto: Vemos mucho tráfico procedente de "A" con una tasa de conversión a registro del 10%. Esto ya es bueno, pero si podemos aumentarlo en un 20%, alcanzaremos nuestro objetivo mensual.*

3. *Hipótesis: El tráfico procedente de "A" ya está listo para hacer una acción de registro. Eliminar el contenido duplicado aumentaría nuestra tasa de registro.*

4. *Pequeña descripción: Las personas que vienen de "A" al mostrarles una ventana emergente de registro podría aumentar nuestra tasa de inscritos. Tenemos que tener en cuenta que otras métricas pueden bajar porque la fricción extra para realizar el registro impulsaría un comportamiento de "abandono" del proceso por parte de los visitantes.*

5. *Medición: Test A/B donde enviamos el 50% del tráfico a la versión antigua y el otro 50% a la nueva versión. (Si no dispone de una herramienta para hacer A/B tests, realice una prueba sobre su sitio siempre que tenga la capacidad*

*de hacer rollback (volver a como era antes) siempre que lo necesite.*

6. *Cuándo es que esta tiene éxito: Cuando alcancemos un aumento del 20% en nuestra tasa de registro y nuestra tasa de finalización de los perfiles/candidatos no disminuya.*

7. *Tiempo estimado para la implementación de la prueba: 1 día de producto y 2 días de desarrollo.*

8. *Resultados: Conseguimos aumentar nuestra tasa de registro del 10% al 20% (éxito), pero vimos que nuestra tasa de finalización en la incorporación de los candidatos cayó un 15% (dentro de las estimaciones). Se considera un éxito general y a partir de ahí definiremos los próximos pasos centrándonos en la métrica relacionada a la "finalización del perfil" (luego del registro, se refiere al llenado de datos profesionales de un candidato que aplica a una plataforma de colocación en puestos de trabajo)*

9. *Próximos pasos:*

   a. *Facilitar la finalización/ llenado del perfil (utilizando el servicio de un API "X")*

   b. *Preguntarnos la necesidad de solicitar cierta información en el perfil (evaluar y deprecar cierta info que no sea realmente relevante)*

Estos son algunos pasos para ayudarte a empezar a documentar tus pruebas y que te ayudarán a organizarte. Algunas cosas que no se mencionan en estos niveles, pero siguen siendo muy importantes, es compartir los aprendizajes con el equipo de trabajo. Puedes colocar la documentación en un Notion o en una ubicación digital donde sea fácil compartirla con otros miembros del equipo (spreadsheets, google drive, etc)... Asegúrate de compartir todos estos aprendizajes de forma que los miembros de tu equipo puedan entender cómo su trabajo ha influido en estas pruebas. Esto te ayudará a conseguir que el equipo esté más motivado y comprometido a pensar en las posibles próximas iteraciones.

Si no tienen éxito las pruebas, igual compártelas con tu equipo. Pueden aprender de todos los esfuerzos y también ponerlos en contexto de lo que hay que hacer a continuación. La mayoría de las iteraciones serán pequeños pasos adelante y no todos los días se obtendrán grandes resultados. Intenta celebrar cada mejora si se trata de un gran proyecto "move-the-needle", ya que también será duro tener tu primer "rollback" (vuelta atrás) cuando las cosas no vayan como esperabas.

Por último, no empieces las pruebas un viernes por la tarde, cuando todo el mundo está listo para el fin de semana. Comuníquese con los stakeholders y prepare el lanzamiento de la prueba en un día entre semana, cuando haya tiempo para revisar los primeros resultados y para pulsar el botón de "vuelta atrás" -si las cosas no van como se esperaba.

## Niveles 5 y 6: Tengo un backlog de pruebas donde organizo, hago seguimiento y priorizo con el equipo las nuevas/siguientes.

En una organización, sólo tienes unas pocas métricas que alcanzar, las famosas métricas "North Star". Lo más probable es que tu equipo o tú se centren en una de ellas. Lo que he visto que funciona bien es una mezcla de pruebas (iteraciones) y algunas grandes apuestas que no requieren demasiado tiempo de desarrollo, lo que permite iterar sobre las mejoras y descubrir grandes hallazgos de vez en cuando. Por otro lado, tu backlog de trabajo no son solo las pruebas, ya que también hay bugs, nuevos potenciales productos, o el compartir recursos con otros equipos. El tiempo de desarrollo es limitado y siempre habrá algo en lo que trabajar. Asegúrate de tener súper clara la combinación en tu situación antes de empezar a organizar y planificar tus pruebas.

Te encontrarás con pruebas que te ayudarán a mover la aguja y, cuando eso ocurra, deberías dar un paso atrás y pensar cómo sacar el máximo provecho a ese hallazgo. He visto muchas veces a equipos realizar esfuerzos para mover la aguja y lo primero que hacen es pasar a la siguiente prueba dentro del backlog de pruebas. Se debe poder identificar estos momentos de grandes victorias y reconocerlos como tal dando un paso atrás antes de pasar a lo siguiente en el backlog, de esa manera se puede sacar el máximo provecho.

*Ejemplo:*

***Saca valor al producto cuanto antes.*** *Teníamos muy claro que la monetización era el resultado de usar nuestro producto. Dicho esto, intentamos entender cuáles son los eventos clave que hacen los usuarios para aumentar la retención en nuestra plataforma, o mejor dicho, cuál es el valor que necesitamos sacar de la experiencia de usuario para aumentar la retención.*

*En este caso, el valor consistía en conseguir que un usuario realizara algunos eventos específicos que te hicieran sentir los beneficios del producto. Antes de estas acciones, tardaba una media de 3 días. Con la primera iteración, conseguimos reducir ese tiempo a 2 horas. La retención aumentó espectacularmente.*

*En la reunión en la que revisamos los esfuerzos en los que estábamos trabajando (con el científico de datos, el responsable de crecimiento, el director de operaciones y el propietario), el responsable de crecimiento estaba haciendo una presentación y se saltó (rápidamente) los resultados porque tenía poco tiempo. La mayor parte de la reunión se dedicó a hablar de las perspectivas de los datos que obtuvimos del científico y del líder de crecimiento... Necesitaba asegurarme de que todos entendíamos lo que acababa de ocurrir, porque no siempre encontramos estos resultados en las pruebas. Empecé a hacer preguntas. ¿Mueve la aguja? Para este grupo de usuarios, sí. ¿Estamos contentos con 2 horas frente a 3 días? Por supuesto que sí, pero hablamos de aumentar el número de usuarios similares en este flujo o de trabajar para llegar a los 20 minutos (un objetivo ideal). Decidimos centrarnos en esto y fuimos capaces de reorganizar las prioridades en nuestro equipo de desarrollo y asegurarnos de que estábamos aprovechando esta nueva gran victoria.*

*Nos aseguramos de compartirlo en nuestra reunión diaria con el equipo que lo diseñó y en la misma reunión del viernes lo comunicamos a toda la empresa con arengas hacia las personas involucradas.*

## Niveles 7 y 8: Nos comunicamos dentro de todo el equipo y tenemos momentos en los que los compartimos con toda la empresa.

Como vimos en el ejemplo de los niveles 5 y 6, conseguimos que el valor para el usuario del producto te llegue un poco antes, al aplicar menos fricción en el proceso. Dependiendo del contexto o de la forma de trabajar de tu empresa, puedes encontrar la manera de que las partes interesadas sean conscientes de todo lo que está ocurriendo. Puede ser tan sencillo como un mensaje semanal en Slack en el que compartas la información con la empresa sobre cómo van las pruebas y los principales indicadores. Podría ser un correo electrónico semanal a los stakeholders que necesitan saber cómo se están dando las cosas, o una entrada de blog semanal en la intranet de la empresa para mantener a la gente involucrada.

El manejo de stakeholders es clave para conseguir aún más apoyo y más recursos para mover las agujas que quieres mover.

Por último, es muy poderoso llegar al último nivel (8), en el que tienes momentos especiales en las reuniones de toda la empresa donde tú o tu equipo pueden compartir lo que están aprendiendo. Esto te ayudará a conseguir la atención necesaria que debe tener este fundamento. La gente de otros departamentos que quiera hacer lo mismo, se acercará a tu equipo y observará cómo están haciendo las cosas. Asegúrense de tener su libro de notas listo para compartir y tendrán nuevos socios estratégicos para implementar el marco de trabajo en otras partes de la organización.

# Fundamento 6: Fundamentos financieros

Los fundamentos financieros son los que subestimamos. Recientemente, hemos asistido a un cambio en la forma en que las empresas deben crecer y a qué coste esto es aceptable. Comprender estos fundamentos te ayudará a poner en contexto lo que es posible y lo que no. Si conoces a fondo estos fundamentos, podrás desafiarlos y aportar soluciones. Incluso los financieros de la empresa estarán encantados de trabajar contigo.

Cada país tiene normas financieras diferentes. Dependiendo del tipo de empresa, es posible que tengas que cumplir determinados requisitos legales. Además, cada empresa tiene su propia forma de hacer finanzas.

Si eres responsable de dar cuenta de los resultados, tienes que tener en orden las finanzas de tu equipo o producto. Asegúrate de ser más organizado que tu equipo financiero u otros departamentos. Esto te ayudará a conseguir un margen de maniobra adicional cuando lo necesites. Piénsalo: si trabajaras en el departamento financiero tendrías que ponerte en contacto con otras personas de otros departamentos porque "siempre" se olvidan de cargar las finanzas de sus equipos antes de una fecha determinada. Necesitan hacer balances mensuales y no hay mucho margen para retrasarlos.

Si estás trabajando en una startup en fase inicial, no tendrás un director financiero (todavía) y será una responsabilidad compartida por los miembros del equipo senior y, sobre todo, por el CEO.

Entender esto te ayuda a ser proactivo y creativo para hacer las cosas.

En este fundamento nos centraremos en la estructura, la comprensión y la creatividad. Esto te ayudará a desarrollar este fundamento y a comprender lo que es posible hoy, en el futuro y cómo trabajar con los recursos actuales. No será suficiente pasar de tener 0 conofundamentos a comprender lo más básico, pues sí sería recomendable tener alguna formación empresarial/ financiera. No hay problema si no la tienes. Con las preguntas que encontrarás más adelante, podrás tener una comprensión básica.

Recientemente, las empresas de capital riesgo están buscando organizaciones más rentables frente a lo que les cuesta crecer. Esto es algo bueno a tener en cuenta por lo que en este capítulo intento guiarte a través de sus etapas (como profesional no financiero).

Por otro lado, es importante comprender las finanzas de su unidad, las pérdidas y ganancias, etc. Esto te ayudará a entender cómo funciona el negocio y cómo la empresa gana dinero o qué áreas de la empresa son las que más "cuestan". Si te sigues preguntando el por qué se hace de esta manera o el por qué gastamos/invertimos en ello, podrás iterar y encontrar la forma correcta de gestionar los fundamentos financieros.

## Estructura financiera

Comprender la estructura actual te ayudará a saber cómo avanzar en los momentos en que tenga preguntas relacionadas con las finanzas.

Preguntas que debe hacerse para comprender la estructura actual

1.  ¿Cuál es nuestra estructura financiera actual? ¿Tenemos un departamento, una persona o responsable quien lleva las finanzas de la empresa, tal vez, con alguna ayuda externa?

2. ¿Presupuestamos? ¿Tenemos proyecciones financieras (ingresos y gastos)?

3. ¿Tenemos estructuras claras para las finanzas? ¿Sabemos cómo comprar cosas? ¿Cómo presupuestar? ¿Cómo obtener la aprobación?

4. ¿Quién toma las decisiones sobre el uso de los presupuestos y los gastos?

Estas son cuatro preguntas básicas que te ayudarán a comprender la estructura de los fundamentos financieros. Con personas que tengan un perfil financiero en tu equipo también podrás aprender mucho más sobre los fundamentos y su experiencia.

## Comprensión financiera

Si tienes una idea de la estructura, puedes profundizar un poco más en la comprensión de las finanzas de la empresa para la que trabajas. La información financiera de las grandes empresas debe ser pública y puedes descargarla de su sitio web. Si se trata de una empresa más pequeña, puedes encontrar los datos en la intranet (lugar de comunicación de la empresa) o ponerte en contacto con el departamento financiero para obtener más información.

1. ¿Cuáles son los unit economics del producto/servicio que vendemos?

2. ¿Cuál es el P & L (Profit and Losses) de la empresa?

3. ¿Cómo calculamos el LTV y el CAC? ¿Cuál es el ratio?

4. ¿Cuál es el runway* de la empresa (en caso de que sea una startup)?

5. ¿Somos rentables? o ¿cuál es nuestro EBITDA? En caso de que no, entender con el P & L por cuánto tiempo puede

seguir como negocio y priorizar en base a los números para lograr pagar las facturas - en caso de que el objetivo sea ser rentables a corto plazo.

6. Comprender los presupuestos por departamento y el uso que hacen estos de herramientas de pago. - A veces hay herramientas que puedes utilizar porque otro equipo las usa sólo por un motivo concreto y no aprovecha todo el potencial de la misma. Y a veces se pierde dinero sin que nadie se dé cuenta. Lo sé, suena increíble pero pasa que pueden haber herramientas de pago con cobro automático en una tarjeta, sea de marketing o x departamento y que fueron olvidadas en el camino, sin antes cancelar el servicio y dejando un coste mes a mes por tal o cual plataforma).

Unit Economics = es el rendimiento financiero de una de las unidades del negocio, sea un producto o servicio. Ayuda a comprender la rentabilidad y la escalabilidad.

P & L = la cuenta de pérdidas y ganancias es un estado financiero que muestra los ingresos, costes y gastos de una empresa durante un periodo concreto, además de los beneficios o pérdidas resultantes. Ayuda a comprender los resultados financieros de una empresa a lo largo del tiempo y a tomar decisiones con conocimiento de causa.

LTV y CAC = LTV (lifetime value) es el valor total que un cliente aportará a una empresa a lo largo de su vida con ella. El CAC (coste de adquisición de clientes) es el coste de adquisición de un nuevo cliente. Juntos, ayudan a las empresas a comprender la rentabilidad de adquirir nuevos clientes y el valor que aportan a lo largo del tiempo.

Runway = es la cantidad de tiempo de que dispone una empresa antes de quedarse sin dinero. Se calcula dividiendo el saldo de caja de una empresa por su tasa de consumo (la tasa a la que una empresa gasta su efectivo). Ayuda a comprender cuánto tiempo puede sobrevivir una empresa sin financiamiento adicional.

EBITDA = Beneficios antes de intereses, impuestos, depreciaciones y amortizaciones. Sus márgenes reflejan la eficiencia operativa a corto plazo de una empresa. El EBITDA es útil cuando se comparan empresas con diferentes perfiles de inversión de capital, deuda e impuestos. Los comunicados de prensa sobre los beneficios trimestrales suelen citar el EBITDA.

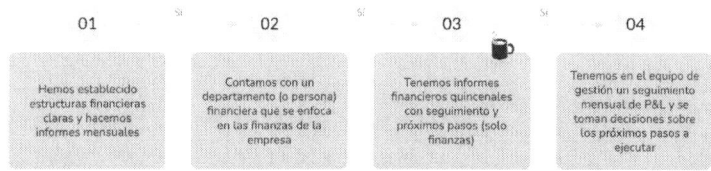

1. Hemos establecido bases financieras y elaboramos reportes mensuales.

2. Tenemos un equipo financiero o una persona que se centra en las finanzas de la empresa.

3. Tenemos informes financieros quincenales con estructuras claras y pasos a seguir.

4. En el equipo directivo celebramos reuniones mensuales en las que hablamos de pérdidas y ganancias, tomamos

decisiones y proponemos los siguientes pasos en función de los resultados.

## $ Fundamento financiero Entendimiento

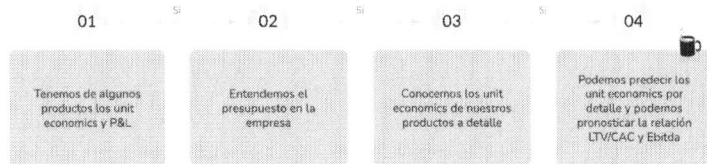

1. Tenemos de algunos productos los Unit Economics y P&L.

2. Conocemos el presupuesto de la empresa.

3. Conocemos en detalle los Unit Economics de nuestro producto.

4. Podemos prever los Unit Economics, LTV/CAC y EBITDA.

## $ Fundamento financiero Creatividad

## Creatividad financiera:

1. Sabemos ser creativos con nuestros socios para conseguir los mejores acuerdos de pago.

2. Sabemos cómo conseguir presupuesto extra.

3. Hay presupuesto destinado a las iniciativas que más podrían impactar -de manera positiva- en las métricas de negocio.

*Si estás trabajando en una startup (normalmente en fase inicial), también eres la persona con el "sombrero del departamento de compras" que consigue contratos con proveedores que puedan ayudarte a avanzar. Un ejemplo podría ser Stripe u otro servicio de pago para realizar cobros y recaudar el dinero cuando vendes tus productos online. La mayoría de las veces obtienes un contrato estándar con beneficios "iniciales". Creces y creces, pero a veces se te olvida que el % de comisión que cobran + el precio fijo de la transacción son -casi siempre- negociables.*

*A finales de 2019 (en Crehana), cuando estábamos haciendo unos ejercicios de proyección para el 2020, habiendo implementado un sistema de pago paraguas con varios proveedores de pago locales e internacionales, decidimos cuestionarnos la prioridad de cómo estábamos usando esta tecnología.*

*Todos los proveedores de pago tenían sus propias condiciones y algunos nos resultaban más costosos que otros. Decidimos entonces negociar con todos ellos.*

*Como ya teníamos un número decente de transacciones anuales, la mayoría de ellos se mostraron abiertos a entablar una negociación. Por supuesto, no son proactivos a la hora de hacerte un descuento del 0,5% sobre tu variable, pero si no lo solicitas, tampoco lo vas a recibir.*

*Un 0,5% parece poco, pero con una cifra gigante en la cantidad de transacciones procesadas, puede ser justo un ahorro de dinero extra para poder contratar a más personas para tu equipo o mejorar tus márgenes.*

## La importancia de un modelo de crecimiento y el fundamento financiero

Growth y finanzas son dos áreas que deben estar sincronizadas para sacar el máximo partido a tu negocio. Alguna vez te has sentido frustrado porque tu equipo financiero no entendía bien por qué estabas gastando tu presupuesto en determinadas áreas? ¿No podían ver el impacto de los gastos? ¿Tienes que responder a una lista de preguntas una y otra vez cada mes?

Esto se debe a que lo más probable es que no tuvieran un entendimiento común de cómo funciona un equipo de crecimiento y cómo funcionan las finanzas dentro de la empresa. La clave está en conseguir que los stakeholders de finanzas estén a bordo, o incluso mejor, que se sientan parte de Growth. He visto que los financieros tienen sus proyecciones y luego el equipo de crecimiento tiene otra, y con algo de suerte, coinciden. Si tu jefe de Growth está al mando, se asegurará de que los gastos financieros coincidan con lo que esperan y de que los ingresos se aproximen lo más posible a la proyección.

Si esto te suena familiar, empieza a trabajar en tu modelo de crecimiento implicando a los principales responsables financieros. Todos se beneficiarán de este modelo. Le ayudará a poner en contexto las implicaciones financieras del modelo de crecimiento. Puedes realizar tres variaciones del modelo y ver cómo afectan a la empresa. Basándote en eso, podrás apoyarte en caso necesites mitigar fácilmente los riesgos y el doblar la apuesta si se alcanzan las metas o se logran nuevos hitos en tu modelo.

Esto facilita la toma de decisiones porque el equipo financiero está a bordo y lo más probable es que conozca cuál será el manual a seguir en cada situación.

Primero hay que entender los bucles de crecimiento y cómo estos funcionan. Brian Balfour, de Reforge, creó este modelo. Basándote en él puedes ponerlo en tu Excel y "jugar" con tus números y presupuestos para ver cómo queda en una sencilla tabla. Por supuesto, si empiezas a duplicar esfuerzos en algunos canales de adquisición, estas métricas cambiarán. Que tus campañas de pago dupliquen su presupuesto en muchos casos no significa que tu CAC se mantenga o baje. Tu bucle viral o el contenido generado por el usuario tiene sus limitaciones, pero saber esto te hará tomar las decisiones correctas más adelante.

Una vez implantado el modelo, sentirá que tiene más control y te resultará más fácil gestionar a las partes interesadas. Dispondrá de un modelo transparente que te ayudará a prever los parámetros financieros en combinación con importantes indicadores de crecimiento empresarial (incluidos sus canales de adquisición).

Deberá calibrar su modelo de crecimiento con frecuencia a medida que empiece a aplicar determinados esfuerzos. Es un documento vivo que requiere una atención casi constante.

# Fundamento 7: Fundamento tecnológicos

Si tiene un negocio digital, su base tecnológica es un componente clave de su negocio y no debe tomarse a la ligera. Si no tienes un negocio digital, al menos es importante que entiendas este fundamento y cómo adaptarlo a tu negocio. Hoy en día, todos los negocios tienen algo de tecnología detrás.

¿Quieres hacer cambios en tu web corporativa pero cuentas con un proveedor externo? ¿O tiene un equipo dedicado a mejorar las cosas? Comprender esto puede ayudarle a planificar nuevas iniciativas o mejoras para tener más éxito en sus futuros experimentos de crecimiento.

Como cada empresa es compleja y tiene sus propias variables, no hay respuestas equivocadas. Sólo una comprensión completa hace que sea más fácil realizar las tareas. He estado en situaciones en las que quería cambiar algo, pero tecnológicamente era muy costoso y llevaba demasiado tiempo.

La clave está en entender todo el proceso tecnológico de tu empresa. Desde el diseño del producto hasta el desarrollo y los pasos que hay que dar para poner las cosas en un entorno de producción. Puedes pensar en QA, staging, etc.

Entender la deuda técnica que puede existir al interior de tu empresa es esencial porque podrías estar cruzando una una línea muy delgada entre realizar tareas -de tecnología- rápidamente, y por el otro lado estar pasando por alto algunos estándares en el desarrollo técnico acordado, solo para poder probar las hipótesis y pensar en arreglar esa deuda técnica más tarde.

**Preguntas para identificar el nivel de su empresa:**

## ✍ Fundamentos tecnológicos

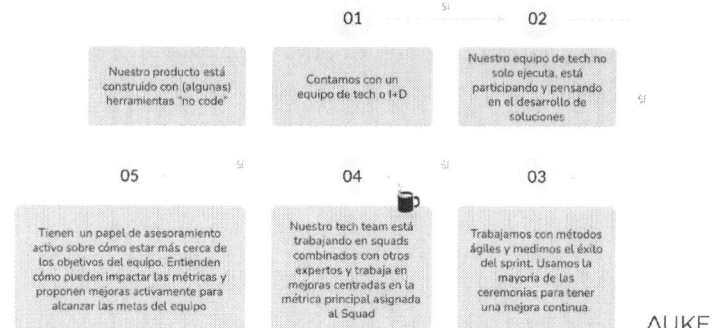

Nuestro producto se construye con (algunas) herramientas sin código

1. Tenemos un equipo técnico para mejorar nuestro producto digital / tenemos un equipo de I+D para mejorar nuestros productos físicos.

2. Nuestro equipo técnico es más ejecutor en el desarrollo; les pedimos que desarrollen.

3. Nuestro equipo técnico trabaja con métodos ágiles y medimos el éxito de los sprints. Utilizamos la mayoría de las ceremonias para tener una mejora continua en nuestra forma de trabajo.

4. Nuestros equipos técnicos trabajan en equipos mixtos con otros expertos en la materia para enviar mejoras centradas en las métricas básicas asignadas a un equipo.

5. Nuestro equipo técnico tiene un papel activo de asesoramiento sobre cómo acercarnos más a los objetivos del equipo. Entienden cómo pueden impactar en las métricas y proponen activamente mejoras para alcanzar los objetivos del equipo.

*Ejemplo: cuando teníamos algunas cosas que enviar en una empresa que tenía más de 75 años en ese momento (allá por 2011).*

*Quería almacenar algunos datos en nuestro sistema ERP para que nuestro equipo de ventas pudiera tener información crítica para tener más éxito en sus esfuerzos de ventas. Como el ERP estaba recibiendo una nueva versión, la empresa no podía añadirla en poco tiempo. Muchas personas internas y externas estaban trabajando en ello, y en ese momento al equipo de datos sólo te quedaba un objetivo en este año: pasar a la nueva versión del sistema.*

*Con los datos en línea pudimos ver el "proveedor de servicios" en Google Analytics. Normalmente aparecen los proveedores locales de internet, pero en Holanda vimos que aparecían nombres de empresas. Esto solía ocurrir en empresas medianas y grandes. Solo teníamos que cotejar con los datos de nuestros clientes.*

*Esto nos ayudó a decirle a nuestro equipo de ventas que se pusiera en contacto con sus cartera de clientes para tener una reunión y hablar sobre los temas que más estaban buscando (empresas de consultoría y formación). Por otro lado, la mayoría de las empresas ya tenían una relación con nosotros y eso facilitaba esas conversaciones. Era información crítica que faltaba en el sistema ERP.*

*Para agilizar las cosas, tomamos a un gestor de cuentas e introducimos manualmente datos clave en los registros de actividad de sus clientes. Consiguió aumentar importantes métricas personales y pudimos implantarlas en el ERP.*

*En aquel momento, estábamos en el nivel 2 de los anteriores, en el que cada departamento tenía sus propios objetivos y no estaban muy bien alineados. También fue difícil conseguir que la alta dirección se subiera al tren hasta que se vieran los resultados de estos cambios. Internamente, se puso en el roadmap tras la nueva actualización del software ERP y tuvo un impacto agradable en el negocio. Estoy muy seguro de que si hubiéramos tenido un nivel técnico más alto, podríamos haber logrado un impacto aún mayor en nuestro negocio.*

En mi opinión, la base técnica es fundamental porque tienes que ser capaz de entregar tareas con rapidez. He visto equipos técnicos funcionales muy fuertes que estaban en el nivel 3 y se sienten cómodos estando así. El riesgo es que no es escalable para el futuro (en mi opinión) y se limitan a desarrollar sin "pensar" demasiado.

La situación ideal es conseguir un equipo tecnológico que entienda los objetivos de negocio. La forma en que su trabajo repercute en esos objetivos ayuda a fomentar la proactividad, y se les ocurrirán las preguntas adecuadas y las posibles soluciones cuando haya que resolver el caso de un usuario.

Se centrarán en las métricas de un equipo, pero al mismo tiempo serán capaces de ver el panorama completo y comprender su impacto técnico en otros equipos. En la mayoría de los casos, las métricas están realmente conectadas y la mejora de una métrica puede tener un impacto en otra métrica que está bajando. Lo mismo ocurre con tus recursos tecnológicos y la infraestructura.

No te resultará difícil identificar en qué nivel se encuentra. Será más difícil ver si se puede pasar de un nivel al siguiente. A veces hay factores externos que no puedes controlar, pero es bueno identificarlos porque pueden hacer o deshacer tus proyecciones de crecimiento futuro.

## Nivel 0: Nuestro producto se construye sin herramientas de código

Cada vez es más popular lanzar productos sin código. Cuando obtengas los resultados que esperas y tengas tracción, podrás decidir si quieres pasar de no tener código a tener algo más de desarrollo. Tienes que asegurarte de que sabes lo que quieres construir.

La gente empieza con un directorio en airtable o notion, y cuando ven el impacto, deciden construir una página web donde integrar el directorio o algo más complejo.

Los beneficios de no usar código son claros. Es rápido, fácil y ágil. Puedes mantenerlo tú mismo.

## Niveles 1 y 2: Tenemos un equipo técnico que sólo ejecuta

En este caso, puedes tener muchas razones. Me gustaría señalar tres posibles razones:

1. tienes un equipo que es externo y tú les dices lo que tienen que construir.

2. Tú has decidido (o el equipo) que prefieren trabajar así.

3. El equipo que tienes es muy junior y no es capaz de aportar soluciones.

**Equipo externo**

Si tienes un equipo externo, ya deberías estar midiendo su rendimiento. ¿Estás haciendo ceremonias ágiles? Mantén el start-stop system, la planificación de sprints y el refinamiento del backlog para conseguir la implicación de tus desarrolladores. ¿Compartes los resultados de su desarrollo? ¿No? Es hora de compartirlos. Deberías comunicarlo todo en exceso porque ellos no están en el día a día y desarrollarán basándose en su interpretación de tus requisitos. ¿Se identifican con el producto? Identifica sus aspectos no negociables en esas áreas y gana tiempo extra para conseguir que la gente tenga la mentalidad adecuada para trabajar contigo. De seguro tienen varios clientes y cada uno de ellos esperará resultados diferentes de un "mismo tipo de solicitud".

**Yo o el equipo decidimos trabajar así**

En primer lugar, es importante responder a la pregunta de quién tomó la decisión. En mi experiencia, veo resultados mucho mejores cuando el equipo comprende el alcance completo, no sólo la parte de la ejecución. Si así lo decides, averigua cómo se siente el equipo acerca de estar más involucrado en el alcance total del desarrollo. Para comprender la necesidad, el impacto en el desarrollo, etc.

Si el equipo lo decide, y quieres que se impliquen más, puedes empezar a celebrar pequeñas ceremonias en las que muestres los resultados y el impacto que han conseguido con los nuevos desarrollos. Después, puedes empezar a compartir un poco más tu forma de pensar sobre cómo tomas las decisiones sobre qué hacer primero y por qué. Aquí es donde se trabaja en el entendimiento común.

Con el tiempo, generarás más confianza y llegará un punto en que se sientan más seguros para compartir sus opiniones sobre los diferentes temas.

**Pasos para avanzar al siguiente nivel:**

1. Entender quién tomó la decisión.

2. Comprender si están dispuestos a participar más en todo el proceso.

3. Trabajar paso a paso para implicarles más y compartir aspectos como:

   a. Impacto en la evolución y los resultados

   b. Cómo intentar organizar y priorizar en función de los objetivos del equipo.

   c. Celebrar las victorias y compartir(documentar) los aprendizajes

   d. Co-crear las ceremonias ágiles que funcionarían en el equipo.

Sólo tienes que encontrar a alguien que quiera probar esta nueva forma de trabajar y asegurarte de que es capaz de compartir los resultados y seguir predicando lo que has establecido.

## El equipo es junior y no es capaz de aportar soluciones

Esto puede ocurrir en empresas en fase muy inicial, pero es fundamental que trabajes en este tema. No puedes seguir diciéndoles qué, cuándo y cómo construir las cosas. no es la mejor manera de trabajar y debes encontrar formas de llevar a tus desarrolladores a un nivel superior. Quizá deberían unirse a otros equipos para ver cómo funciona, recibir asesoramiento de otras personas que lo hayan hecho antes y solicitarlo.

Las mejores ideas para iniciativas de crecimiento proceden de los más jóvenes. No se trata de quién tiene más experiencia, sino de quién tiene la mejor idea. A veces pueden tener la mejor idea, pero puede que no sean capaces de articularla bien o que tengan dificultades para conseguir la aceptación de las partes interesadas. Recuerde que el crecimiento es de todos, no de un equipo o una persona.

Puede que necesiten más tiempo para poner en práctica la solución, o puede que necesiten orientación para hacer las cosas. Pero son esenciales. Piense en cómo mejorar sus competencias para que puedan participar más en la forma en que tú quiere que trabaje el equipo.

Deberías utilizar la matriz de habilidades para identificar (la parte de habilidades blandas) para ver rápidamente dónde necesitas trabajar con ellos. Más información en 10growthfoundations.com

**Pasos a seguir para llegar al siguiente nivel:**

1. Crear una forma de trabajo que les ayude a crecer profesionalmente.

2. Educar sobre cómo intentas organizar y priorizar en función de los objetivos del equipo.

3. Céntrate en la creación de una matriz de competencias y ayúdales a mejorar sus estas.

4. Celebra las victorias y comparte (documenta) lo aprendido.

5. Haz que se sientan cómodos y garantiza curvas de aprendizaje rápidas.

### ¿Qué es una matriz de competencias?

Se trata de un sencillo archivo que te ayuda, en primer lugar, a definir las competencias que necesitas tener en tu departamento. En segundo lugar, te ayuda a definir el inventario de competencias y los niveles que desea tener en su equipo.

Por último, ayuda a sentarse con cada uno de los miembros del equipo y clasificar esas competencias y a saber si tienen interés en mejorarlas.

Una vez hecho esto, estará listo para crear con el miembro del equipo un plan de crecimiento personal a medida que se ajuste a las necesidades del miembro y del equipo.

## Nivel 3: Nuestro equipo técnico trabaja con métodos ágiles y medimos el éxito de los sprints. Utilizamos la mayoría de las ceremonias para tener una mejora continua en nuestra forma de trabajar.

Si te encuentras en este nivel, estás en el buen camino para sacar el máximo partido a tus recursos de desarrollo. Sabes cuánto está entregando cada equipo, y es más fácil prever los recursos tecnológicos con las mejoras que quieres obtener de ellos. Recuerde que estos recursos son escasos y debe tratarlos como si cada hora de desarrollo fuera oro. Con eso en mente, puedes ser crítico a la hora de asignar esos recursos. En el mejor de los casos, harás la planificación del sprint, el refinamiento y la retro o revisión para mantener al equipo en el buen camino.

Para llevarlo al siguiente nivel, debes considerar si esto funcionará en conjunto con el fundamento de los "departamentos y estructura" actuales. Pasar de un equipo técnico que planifica su trabajo como una unidad separada a trabajar en escuadrones diversificados con otros stakeholders de la empresa y tener comunicación/ alineación constante entre todas las partes -para no perder el norte- es algo que se debe decidir desde los niveles del fundamento de tus departamentos y estructuras.

Si quieres ir por ese camino, intenta ver si puedes ejecutar algunos proyectos en un escuadrón que tenga unas horas "asignadas" a la semana para construir los casos de negocio. Si consigues el cambio, asegúrate de seleccionar a las personas adecuadas para aumentar tu tasa de éxito.

## Niveles 4 y 5: Nuestro equipo técnico trabaja en un equipo multidisciplinario en una métrica asignada y tiene un papel importante dentro del equipo.

Mi situación ideal es tener equipos multidisciplinarios trabajando en un producto o métrica asignada con objetivos muy claros. Tienen las ceremonias adecuadas como en el nivel anterior. Son un escuadrón que tiene muy claro en qué métrica tienen que trabajar. Tienen un gran jefe de producto o "líder de escuadrón" que les ayuda a que su curva de aprendizaje sea rápida y continua, además les ayuda a priorizar y ejecutar las tareas con un profundo conocimiento del impacto en las métricas.

Tener la base de datos en el nivel 6 es clave para sacar el máximo provecho de su escuadrón. El seguimiento semanal de las métricas y una comprensión profunda de cómo cada acción impacta en su negocio te ayuda como equipo a definir pruebas, iteraciones y proyectos move-the-needle.

En el mejor de los casos, tu escuadrón siempre puede trabajar en un proyecto move-the-needle, mejoras/pruebas continuas que has conseguido priorizar basándote en los resultados y la experiencia.

Cada sprint, el escuadrón se convierte en un mejor equipo y cada vez son más capaces de estimar el esfuerzo y el impacto de las tareas que proponen, lo que facilita que el líder del escuadrón se acerque cada vez más a esas métricas. Habrá cosas en las que trabajes que tendrán un beneficio flojo al que tendrán que hacer "rollback" porque no logró tener impactó en la métrica, por lo que necesitas asegurarte de que el equipo es capaz de tomar decisiones sin tomarlo muy personal (por el esfuerzo invertido en una prueba o desarrollo, es inevitable que haya algo de apego hacia lo trabajado, por lo que es recomendable tener un enfoque más frío). La primera reversión es siempre la más difícil. Pero si entienden los objetivos y cuál es su papel, deberían ser ellos quienes sugieran realizar estos cambios.

No olvides los momentos para celebrar y estrechar lazos con tu equipo. No todo es trabajo. Es necesario establecer buenas relaciones y un entendimiento común de cómo influye cada miembro del equipo en el trabajo, pero también es importante comprender su situación personal y sus intereses. Te sorprenderás cuando recuerdes algo personal o interesante que te hayan contado y encuentres el momento perfecto para celebrarlo junto a ellos.

Lo ideal es que tu equipo técnico participe al principio del proyecto para que pueda aportar su punto de vista sobre la posible solución. Pueden aportar múltiples soluciones y, como resultado, ya se sentirán responsables de los resultados que se busca obtener. Hacer pequeños cambios o tenerlos en cuenta puede ahorrar muchas horas de desarrollo, porque a veces el equipo de producto presenta diseños geniales con pequeños cambios que pueden ser ligeros a nivel de la UX o la UI, pero podrían representar una carga enorme de trabajo por las dificultades en la parte del desarrollo.

Cuando todo el mundo tiene la oportunidad de trabajar y ayudar a mejorar, automáticamente están más comprometidos, motivados y es más probable que se queden -un largo tiempo- en la empresa. Y si ya has hecho un gran trabajo en los fundamentos de las personas, de la misión, visión y valores de tu empresa, cuando las cosas se pongan difíciles, serán ellos los que se queden contigo para conseguir que las cosas se hagan.

# Fundamento 8: Fundamento de Growth en la empresa y objetivos de crecimiento

Es importante entender cómo se dio el crecimiento de la empresa en el tiempo que tú no estuvo allí. ¿Qué canales emplearon para que las personas utilizaran el producto? ¿Qué les ayudó más? ¿Cambió el principal canal de adquisición? ¿Por qué? ¿Cuál es el potencial de los canales actuales? ¿Conoce el embudo de su producto (digital)? ¿Existen bucles de crecimiento?

Es importante comprender cómo está creciendo la empresa en la actualidad o cómo está alcanzando sus objetivos empresariales. Una vez que tenga la imagen correcta, podrá profundizar en los canales que utilizan, el tiempo que dedican o los recursos que les asignan, el rendimiento que obtienen y el coste o el rendimiento que se obtiene de ello, y si ya está en la cima o si todavía hay espacio para seguir creciendo.

**Preguntas que debes hacerte respondiendo con un "sí" o un "no":**

1. Comprendo el crecimiento de la empresa.

2. Entiendo de dónde viene el crecimiento de nuestra empresa.

3. Comprendo el embudo del principal canal de distribución.

4. Entiendo todos los canales que utilizamos en nuestra empresa, Impacto, esfuerzo, potencial.

5. Tengo claros cuáles son los bucles de crecimiento en la empresa.

6. Soy capaz de conectar los distintos bucles de crecimiento de la empresa para tener un fundamento más sólido.

7. Soy capaz de entender la proyección financiera y cómo los bucles de crecimiento ayudan a alcanzar los objetivos de la empresa.

8. Soy capaz de construir un modelo que sirva de base para la proyección financiera y el crecimiento.

9. Puedo controlar el crecimiento de la empresa.

**Crecimiento a medio plazo**

1. Tengo una visión clara de cómo se producirá el crecimiento en los próximos 3 meses.

2. Tengo una visión clara de cómo se producirá el crecimiento en los próximos 6 meses.

3. Tengo una visión clara de cómo se producirá el crecimiento en los próximos 12 meses.

4. Tengo una visión clara de cómo vendrá el crecimiento en los próximos 24 meses.

# 📈 Growth de la compañía (Parte 1)

## Nivel 1: No entiendo los fundamentos del crecimiento actual de la empresa

Para ayudar a la empresa a crecer, es importante comprender cómo está creciendo actualmente. No pasa nada si no tienes una idea clara de cómo está creciendo hoy o en el pasado. Es sólo un indicador importante de que necesitas empezar a hacer algunas preguntas que te ayudarán a obtener la información correcta y así poder pasar al nivel 2. Hay que responder a muchas preguntas, pero empezaremos por las básicas e iremos pasando a cada nivel para comprender mejor el crecimiento de la empresa.

## 5 preguntas para comprender los aspectos básicos del crecimiento de la empresa

1. ¿En qué tipo de negocio estamos hoy? ¿B2B, B2C? ¿Transaccional, SaaS? ¿Qué tipo de problema estamos resolviendo?

2. ¿Cuáles son la misión, la visión y los valores de la empresa?

3. ¿Cómo crece nuestra empresa?

4. ¿Ya somos rentables? o ¿Es nuestro objetivo serlo a corto plazo?

5. ¿De qué datos disponemos para comprender mejor la empresa?

### ¿Por qué estas 5 preguntas?

Hay tantas preguntas que hacer y considero que estas preguntas son las primeras que hago para comprender mejor la empresa.

### Pregunta 1: ¿En qué tipo de negocio estamos hoy? ¿B2B, B2C? ¿transaccional, saas? ¿Qué tipo de problema estamos resolviendo?

Aquí es donde trato de entender quiénes son nuestros clientes en los que nos centramos hoy. ¿Somos B2B o B2C? ¿Tenemos un producto físico o digital o un servicio (software)? ¿Qué tipo de problema resolvemos con nuestros productos?

Tienes que conocer a fondo cómo funciona el mercado de tu producto. ¿Está centrado en un subsegmento de ese mercado más amplio? ¿Es tú líder del mercado o quiere penetrar en él?

Considere los niveles de los otros fundamentos que ha visto, ya que todos están conectados con este Fundamento Esencial y con el siguiente (Fundamento del Cliente y la Competencia).

Comprender esto te ayudará a validar con sus clientes que realmente está resolviendo estos problemas.

### Pregunta 2: ¿Cuáles son la misión, la visión y los valores de la empresa?

La primera pregunta te ha proporcionado información básica que te ayudará a poner en perspectiva la segunda pregunta. Esta es tan importante que ya la hemos visto antes en los demás fundamentos.

### Pregunta 3: ¿Cómo crece nuestra empresa?

Cómo hacer crecer una empresa no siempre está claro para todo el mundo. La mayoría de las veces, solo somos parte de un pequeño proceso dentro del panorama general. Esto no significa que no debas tener interés en entenderlo. Si lo entiendes, tendrás más éxito en tu trabajo actual. Podrás trabajar en cosas que afectan al crecimiento de la empresa porque comprenderás mejor cómo afecta lo que haces al crecimiento de la empresa.

### Pregunta 4: ¿Ya somos rentables? o ¿Es nuestro objetivo serlo a corto plazo?

Esto es clave porque cualquier empresa puede crecer, pero el mejor crecimiento es el que es sostenible. ¿Ya somos una empresa rentable? ¿No lo somos? ¿Cuándo pensamos serlo? ¿De cuánto margen disponemos (meses en los que la empresa puede pagar todas sus cuentas antes de quebrar)? ¿Cuál es el Ebitda actual (beneficios antes de intereses, impuestos y amortización)?

Comprender los objetivos a corto, medio y largo plazo de esta empresa te ayudará a plantearse futuras acciones. Si no lo entiendes, estarás proponiendo cosas que no funcionarán bien con las proyecciones y pueden ser una "pérdida" de tiempo.

Ya hemos visto más detalles sobre lo mencionado en el fundamento financiero.

**Pregunta 5: ¿De qué datos se dispone para comprender mejor la empresa?**

Es importante tener en las manos tantos datos como sea posible.. Recuerda que todo en la empresa está conectado y comprender otros informes y datos de los demás departamentos te ayudará a tener más éxito.

No te centres únicamente en las hojas de cálculo de los datos. Revisa la investigación que la empresa ha hecho para validar las cosas, lee las entrevistas con los clientes, los stakeholders, y otros datos externos que también son relevantes.

Entraremos un poco más en detalle sobre lo mencionado cuando lleguemos a los fundamentos del cliente y la competencia.

# Nivel 2: Entiendo de dónde viene el crecimiento de nuestra empresa.

Entender el negocio es un gran primer paso. ¿Eres capaz de crear una línea narrativa en la que compartas la evolución del crecimiento de tu empresa? En la mayoría de los casos, el crecimiento comienza con un canal de adquisición y, a medida que la empresa crece, se añaden otros que te pueden ayudar a llegar a otros nichos o mercados.

¿Qué grado de penetración tiene ya la empresa en ese nicho? ¿Es lo suficiente? ¿Hay margen de crecimiento? ¿Cuál es el potencial? Suficientes preguntas que puedes empezar a hacerte.

Identificar tus canales de adquisición/ tracción no debería ser demasiado difícil ahora que has llegado a este punto. Si aún estás en las primeras fases, céntrate en el que más te proporcione un crecimiento "saludable" y asegúrate de que eres el mejor en esa área en comparación a la competencia.

Se trata de identificarlos todos, comprende esos canales en términos económicos y cómo se comporta cada uno dentro del embudo. Todos están conectados. El tráfico orgánico puede traer más visitantes, pero el resultado final será menos transacciones en comparación con una campaña de marketing de pago en la que se apunta a pujar por palabras clave con alta intención de compra. Entender esto para cada canal es el primer paso para la comprensión completa y te servirá para el futuro modelo de crecimiento que puedes construir.

*19 Canales para generar tracción:*

*Para hacer crecer tu negocio, no necesitas dominar todos los canales de tracción. Si consigues tener uno o dos en buenas condiciones, ya vas por buen camino.*

*La retención genera crecimiento, no la adquisición. Esa fue una dura lección en los inicios de mi carrera profesional. ¿Conoces los 19 canales que puedes utilizar para generar tracción?*

1. *Blogs temáticos.*

2. *Publicidad.*

3. *RELACIONES PÚBLICAS.*

4. *SEO.*

5. *Anuncios en redes sociales.*

6. *Anuncios offline.*

7. *Marketing en buscadores (SEM).*

8. *Marketing de contenidos.*

9. *Marketing por correo electrónico.*

10. *Marketing viral.*

11. *Ingeniería como marketing.*

12. *Desarrollo empresarial (BD).*

13. *Ventas.*

14. *Afiliación.*

15. *Plataformas existentes.*

16. *Ferias comerciales.*

17. *Eventos offline.*

18. *Conferencias.*

19. *Creación de comunidades.*

## Nivel 3: Comprendo el embudo del canal de distribución principal

¡Estupendo! Ya dominas la comprensión del embudo y del canal de ventas principal. En el nivel dos, hablamos del embudo e intentamos comprender cada canal y su impacto. La clave aquí es entender cómo contribuye cada canal al crecimiento del negocio. ¿Ha visto que otros canales han tenido un rendimiento inferior mientras que no has hecho ningún cambio en ellos? Esto es posible porque todos los canales están conectados. Por ejemplo, estás llevando a cabo una campaña de awareness en la Red de Display de Google y Youtube. Gastas mucho dinero y quieres saber cómo está contribuyendo eso a tus métricas principales. Puede que haya otros factores que aumenten el tráfico de búsqueda de tu marca, pero si entiendes cada parte, puedes hacer conjeturas y validarlas con el equipo de datos.

Incluso hemos hecho algunas pruebas en las que hemos "apagado" algunos canales durante un periodo de tiempo (canales de pago) para ver cómo afectaba hacerlo a nuestro negocio. Te sorprendería cómo puede afectar a tus otros canales y métricas. También te ayuda a crear listas de comprobación para poder mitigar los riesgos (de apagar un canal) o establecer alarmas en caso algo deje de funcionar como normalmente lo hacía en la adquisición del negocio.

## Nivel 4: Entiendo todos los canales que utilizamos en nuestra empresa, Impacto, esfuerzo, potencial

Una vez que comprenda bien cómo funciona cada canal en conjunto, las siguientes preguntas son: ¿Cuántos recursos te estamos dedicando? ¿Cuál es la madurez del canal? El equipo de Reforge ha desarrollado un documento sobre cómo dar grandes volantazos y clarificar tus bucles de crecimiento, su madurez y relación.

Hay canales que son más fáciles de desarrollar, pero pueden ser muy costosos. Comprender la madurez te ayudará a ponerlos en contexto para más tarde introducirlos en su modelo de crecimiento. Si no tienes claro cómo funcionan tus bucles de crecimiento, acude a Reforge, ya que son ellos quienes desarrollaron este modelo.

### No eres capaz de identificar o crear tu primer bucle

Crear el primer bucle de crecimiento es difícil, así que tiene sentido centrarse y elegir el que creas que tiene mayor potencial. Da con el correcto y sigue adelante. Si no tienes absolutamente ninguna opción obvia que parezca prometer el mayor potencial, entonces tu mejor oportunidad es hacer experimentos semilla (manuales y muy operativos, por tanto no escalables) con múltiples bucles y luego elige el que tuvo mayor alcance (inmediato o potencial) e impacto. Algo a tener en cuenta, los canales de crecimiento iniciales en tus bucles evolucionarán con el tiempo. Lo que aporta tus primeros usuarios la mayoría de las veces no es lo que te llevará a los próximos 10K+ usuarios, por lo que es útil pensar en canales de crecimiento a corto, medio y largo plazo. Eso significa que tus bucles también se irán adaptando con el tiempo.

## Nivel 5: Tengo claro cuáles son mis bucles de crecimiento en la empresa

Genial, en el momento de escribir esto mucha gente no es capaz de identificarlos. Identificarlos es el primer paso, pero habrá un paso más importante. Si los entiendes en profundidad, serás capaz de navegar a través de cualquier obstáculo o cambios en el mercado. ¿Cómo se pueden conectar los bucles o añadir más esfuerzos al bucle? Depende de cada caso y de su madurez, del negocio en el que estés, etc, etc. No existe una receta única.

Por ejemplo, eres una startup en fase inicial con un bucle de contenidos generados y distribuidos por los usuarios, pero aún no estás listo para monetizar de la manera adecuada. Necesitas llegar a un EBITDA positivo. ¿Tiene sentido realizar campañas de alta intención de compra sobre los contenidos que están mejor indexados (en el buscador de Google) y que se ha demostrado que convierten usuarios en clientes? Todo depende de tus finanzas y de las proyecciones financieras que tenga la empresa.

## Nivel 6: Soy capaz de conectar los distintos bucles de crecimiento de la empresa para tener un fundamento más sólido.

Alcanzar este nivel significa que estás haciendo un gran trabajo. Ya tienes un buen control de tu empresa y, en función de los otros fundamentos, puedes empezar a redoblar esfuerzos en ciertas cosas. Puede establecer conexiones entre equipos y contar con la participación de todas las partes interesadas para conectar esos bucles de la forma correcta. ¿Qué ocurre si empiezas a atraer más clientes potenciales mientras tu equipo de desarrollo de negocio (bucle de ventas) no es capaz de gestionar todos los de mayor calidad? Si se gestionan bien como equipo, se podrán hacer los ajustes necesarios para obtener los mejores resultados posibles para la empresa.

Pasar al siguiente nivel no es demasiado difícil porque ya has identificado tus bucles de crecimiento. La clave está en tener un enfoque matemático de los bucles para poder poner en contexto si el bucle está limitado o todavía tienen oportunidad de crecer.

*Ejemplo: uDocz.com*

*Search engine growth loop.*

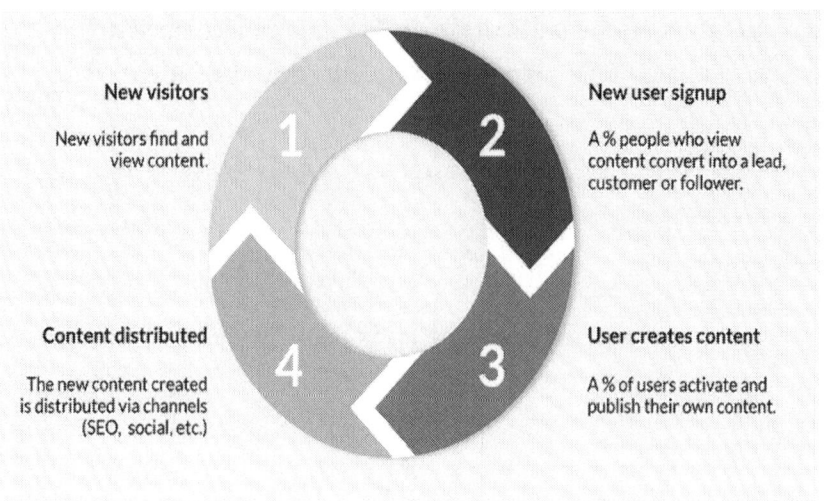

New visitors

New visitors find and
view content.

New user signup

A % people who view
content convert into a lead,
customer or follower.

Content distributed

The new content created
is distributed via channels
(SEO, social, etc.)

User creates content

A % of users activate and
publish their own content.

Mensualmente subimos documentos a la plataforma, que se indexan en Google y generan tráfico. Estos nuevos usuarios se convierten en nuevos creadores de contenido/documentos (un % de los usuarios) y subirán una cantidad promedio de ellos. Cada documento tiene una media de visitas (páginas vistas únicas en el futuro). Conocer todas estas variables te pondrá en control para predecir el crecimiento.

Si deseas centrarte en la optimización de una de estas métricas, debes entender dónde trabajar e identificar si es que todavía hay un margen de mejora. Ejemplos de cómo trabajar en las sub métricas que acabo de mencionar:

1. Promedio de visitas - Esfuerzos de SEO, esfuerzos de distribución.

2. Aumento del % de subidas - Esfuerzos de crecimiento liderados por el producto.

3. Promedio de documentos subidos - Esfuerzos de crecimiento liderados por el producto.

¿Cuáles son los puntos de referencia para cada métrica? ¿En qué métricas estoy trabajando ya? ¿Qué pruebas puedo realizar para influir en esas cifras? Hay mucho en lo que trabajar con sólo 3 subcriterios. Hay incluso más métricas que podríamos considerar:

- Tipo de documento.

- País.

- Tipo de contenido del usuario final.

- etc.

Una vez que tengas claro el modelo con los diferentes bucles, puedes empezar a hacer previsiones sobre cómo afectarán esas cifras a las acciones en las que estás estimando trabajar.

Es un buen ejercicio para ver qué es factible y qué no. Dónde apostar y dónde jugar más seguro.

Con eso en mente, puedes hacer cosas como ingeniería inversa para ver a qué nivel puedes llegar. Lo más probable es que toques techo porque el crecimiento de SEO no es infinito y debes contar con aprovechar o integrar otros canales para sacarle más partido. Lo bueno es que los estás conectando como un equipo y no como jugadores individuales, pues cada canal te ayuda a conseguir un efecto compuesto que será difícil de copiar por tus competidores.

## Nivel 7: Soy capaz de entender la proyección financiera y cómo los bucles de crecimiento ayudan a alcanzar los objetivos de crecimiento de la empresa.

Vaya, ¡ya casi estás! En este nivel ya lograste tener una comprensión profunda de cómo cada canal te ayuda a alcanzar tus objetivos financieros. Tu objetivo ahora es conseguir que los demás stakeholders acepten tu forma de proyectar el crecimiento futuro.

Asegúrate de celebrar reuniones con la alta dirección para presentar el modelo y actualizarlo con cada nuevo dato que recibas. Verás que tus previsiones mejoran cada vez. Si las cosas no salen como esperabas, intenta comprender y redactar cada mes una reflexión documentada sobre tu modelo de crecimiento. Esto te ayudará a volver a la mesa de trabajo, iterar y mejorar. Como sabes, cuando empiezas a trabajar en ciertas métricas, otras pueden verse reducidas y el resultado final puede no tener el impacto que buscas.

Aquí algunos pasos que recomiendo para conseguir que los demás stakeholders se impliquen más y estén de acuerdo con el uso de su modelo como parte importante de las proyecciones de crecimiento de la empresa.

1. Comunique los beneficios de la iniciativa.

2. Explique cómo afectará la iniciativa a todas las partes interesadas.

3. Obtenga la opinión de los stakeholders sobre la iniciativa.

4. Implicarlos en la planificación y ejecución de la iniciativa.

5. Mantenerlos informados del progreso de la iniciativa.

## Nivel 8: Soy capaz de construir un modelo de crecimiento que sirva de base para la proyección financiera y el crecimiento.

¡Impresionante! La gran pregunta es: ¿Puedes controlar el crecimiento de tu empresa? Si es así, avanza al siguiente paso. ¿Qué significa controlar? Si eres una startup, significa poder asignar parte de tus ganancias al negocio para que este pueda crecer más rápido.

Es importante entender cómo afectan estas decisiones a tus finanzas. Si hoy tienes un margen del 80% y éste baja al 15%

debido a que decidiste apostar por un crecimiento más agresivo ¿es saludable? Comprender o al menos tener una idea clara de cómo cambiarán estas métricas cuando empieces a asignar parte de las ganancias a esfuerzos estratégicos es demasiado importante. Al principio, se trata de supuestos o modelos con tres posibles resultados: el mejor caso, el peor caso y el caso intermedio.

Cuando puedas ver eso y tengas una idea clara de qué hacer a continuación en cada uno de los casos, tendrás el control del crecimiento. El manejo de stakeholders y la comunicación son fundamentales para que todo el mundo participe y apoye el esfuerzo.

En una hoja de cálculo todo es fácil... Actuar en función de los cambios en el modelo o los resultados determinará si eres el futuro ganador o no.

## Nivel 9: Puedo controlar el crecimiento de la empresa

¡Impresionante! Eres un(a) crack y tienes las habilidades para tener mucho éxito o lo más probable es que ya lo tengas. No es fácil y en cada empresa es un juego de tablero completamente diferente. Espero que puedas conseguirlo con los niveles anteriores y me envíes un mensaje a través de Linkedin sobre cómo te ha ido hecho.

**Es importante poder controlar el crecimiento de la empresa. Los beneficios que veo son:**

1. Sostenibilidad - Una empresa que está creciendo demasiado rápido puede no ser capaz de mantener ese crecimiento y podría acabar colapsando. Aquí hay que entender bien otros fundamentos y bucles de crecimiento.

2. Rentabilidad - Una empresa que crece demasiado rápido puede no ser capaz de generar suficientes beneficios para

sostener su crecimiento. Comprender sus márgenes es clave para conseguir un flujo de caja positivo.

3. Flujo de caja - Una empresa que crece demasiado deprisa puede no tener suficiente efectivo disponible para financiar su crecimiento (lo que se traduce en lo que puede y no puede hacer).

4. Moral de los empleados: una empresa que crece demasiado rápido puede tener dificultades para retener a los empleados que se sienten abrumados por el crecimiento. ¿Cómo trabajar en los fundamentos de su gente para que puedan crecer profesionalmente al mismo ritmo que el crecimiento de su empresa?

## Objetivos de Growth

Como hemos visto, planteamos estas preguntas:

**Crecimiento a medio plazo**

1. Tengo una visión clara de cómo vendrá el crecimiento en los próximos 3 meses

2. Tengo una visión clara de cómo vendrá el crecimiento en los próximos 6 meses

3. Tengo una visión clara de cómo se producirá el crecimiento en los próximos 12 meses

4. Tengo una visión clara de cómo se producirá el crecimiento en los próximos 24 meses.

Debería existir algún tipo de relación entre el nivel de crecimiento de tu empresa y el nivel del objetivo de crecimiento que alcanzarás (nivel uno hasta el 4). Cuanto más alto sea el nivel al que llegues, más alto será el nivel de tus objetivos de crecimiento.

Mejora la primera parte de este fundamento (crecimiento de la empresa) y será sólo una proyección financiera llegar hasta el nivel 4 de los objetivos de crecimiento.

## Fundamento 9: Clientes y Competencia

Para entender su negocio hay que empezar por entender a los clientes que lo utilizan. ¿Qué problemas les resuelven? ¿Por qué los utilizan? ¿Cuál es el tamaño de tu mercado potencial, etc? Existen 8 niveles en el fundamento del cliente que, con el tiempo, te ayudarán a comprender cómo expandirse a otros tipos de clientes o incluso otros mercados.

**Preguntas sobre clientes (fundamento):**

1. Sólo tengo uno o varios tipos de clientes potenciales.

2. Conozco las necesidades y los problemas de los clientes potenciales.

3. Conozco el mercado total al que puedo dirigirme.

4. Conozco mi mercado objetivo (nicho) en el que penetrar primero.

5. Ponemos a nuestros clientes en el centro de nuestro desarrollo.

6. Los clientes conocen mi propuesta de valor.

7. Nos tienen presentes cuando necesitan un producto/servicio.

8. Conozco mi estrategia de expansión hacia otros nichos.

## ⊼ Clientes y competencia (Parte 1)

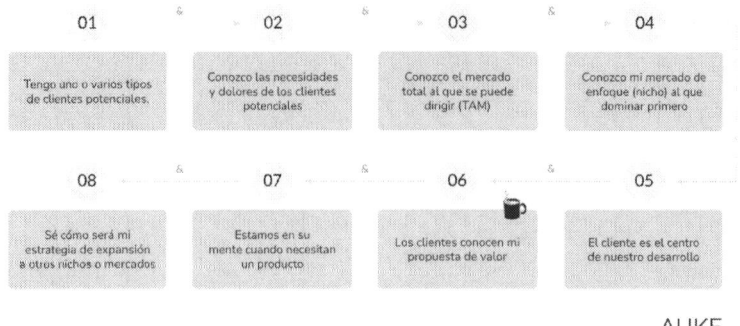

AUKE

# Nivel 1: Sólo tengo uno o varios tipos de clientes potenciales.

Conocer su tipo de cliente es un buen primer paso. Para un conocimiento más profundo, debe saber qué tipo de necesidades tienen, qué problemas o dolores experimentan y cómo su producto o servicio alivia ese dolor.

Hay varias cosas que puedes hacer para llegar a este punto:

1. Habla con ellos: Una de las formas más eficaces de identificar las necesidades y los problemas de los clientes potenciales es hablar directamente con ellos. Hazles preguntas sobre tu sector, tu negocio, sus retos y cómo resuelven sus problemas en la actualidad.

2. Investigar tu mercado objetivo y sector puede ser una forma eficaz de identificar las necesidades y los problemas de los clientes potenciales. Lee informes del sector, asiste a eventos y ponte en contacto con expertos del mismo para conocer mejor el mercado.

3. Encuestas: Son una forma estupenda de conocer las necesidades y los problemas de los clientes potenciales. Realiza preguntas a tus clientes actuales o al público objetivo sobre tu sector y sus necesidades. Esto puede ayudarte a identificar tendencias y retos comunes en el mercado.

4. Observar los comportamientos y las prácticas de tu público objetivo también puede ser una buena forma de identificar las necesidades y los problemas de los clientes potenciales. Supervisa tus cuentas en las redes sociales, observa sus interacciones con otros clientes y busca pistas sobre sus necesidades y retos.

Haciendo esto podrás pasar al siguiente nivel.

## Nivel 2 Conozco las necesidades y los dolores de los clientes potenciales

Bien, ya sabes cuáles son sus necesidades, pero aún no has llegado a comprenderlos del todo.

Debe comprender el potencial de mercado de tu servicio o producto. Muchos productos empiezan resolviendo un problema de nicho y más tarde se expanden a otros o incluso dentro del mismo nicho pero en otro país.

Hacer un estudio de mercado a nivel mundial, regional y nacional te ayudará a identificar los pasos adecuados para seguir creciendo.

La mejor manera de hacerlo es investigar el sector y los datos demográficos de los clientes, recopilar y analizar datos de informes de investigación de mercado y evaluar las tendencias del sector. También puedes ponerte en contacto con expertos del sector, socios y clientes para conocer sus opiniones. Una vez recopilados y analizados los datos, podrás estimar el tamaño del mercado total al que puede dirigirse tu producto.

## Nivel 3: Conozco el mercado total al que puedo dirigirme

Una vez que conozcas tu mercado potencial total, tendrás diferentes tipos de clientes. Asegúrate de centrarte primero en uno de los nichos, porque con el 80% de un nicho estarás listo en muchos de los casos. Encontrarás un producto que encaje en el mercado para un grupo de personas, generarás ingresos y podrás mostrar el caso de negocio que querías tener para poder recaudar más dinero para crecer o, si estás haciendo bootstrapping*, para pagar las cuentas.

No es habitual empezar a atacar todo el mercado al mismo tiempo. Se centraron en segmentos y se aseguraron de que la mayoría de ese segmento les compraba.

La forma de identificar el nicho adecuado depende de algunos números de la empresa a los que tengas acceso. Preguntas que me hago (a mi mismo) para determinar el nicho adecuado:

1. Investiga a sus competidores: Echa un vistazo a tu competencia y averigua qué están haciendo para llegar a su mercado objetivo. Analiza sus estrategias y ve cuáles puedes utilizar para llegar a su mercado objetivo.

2. Identifica a tu público objetivo: ¿Quiénes son tus clientes potenciales? ¿Cuáles son sus necesidades? ¿Qué les gusta y qué no les gusta? ¿A qué se dedican?

3. Analiza tus datos: Utiliza datos de estudios de mercado y encuestas a clientes para identificar tendencias y clientes potenciales.

4. Lluvia de ideas: Piensa qué puedes ofrecer que atraiga a tu público objetivo y lo diferencie de otras ofertas.

5. Prueba y perfecciona: Prueba distintos enfoques para llegar a tu mercado objetivo y afina tu planteamiento en función de los resultados.

Sobre todo probar y perfeccionar te ayudará a pivotar correctamente para conseguir penetrar en el mercado de la manera adecuada. Solo así podrás conseguir pasar al siguiente nivel.

## Nivel 4: Conozco mi mercado objetivo (nicho) en el que penetrar primero

¡Estupendo! Ya conoces bien a tu cliente y dispones de la información adecuada para tomar las decisiones estratégicas correctas. Aún mejor, puedes poner a tu cliente en el centro de tu desarrollo.

Aquí tienes 7 pasos para poner a tu cliente en el centro del desarrollo de tu producto:

1. Incorpora los comentarios de los clientes al proceso de desarrollo del producto. Asegúrate de facilitar a los clientes el envío de sus comentarios y, a continuación, utilízalos activamente para fundamentar las decisiones de desarrollo.

2. Involucra a los clientes en el proceso de diseño haciéndoles participar en pruebas de usuarios, encuestas o entrevistas.

3. Asegúrate de que las necesidades del cliente están en primera línea del proceso de desarrollo del producto pidiéndo su opinión en cada fase.

4. Introduce un programa de recompensas o un sistema de incentivos para animar a los clientes a dar su opinión y mantener su compromiso.

5. Establece un sistema de seguimiento y control de las opiniones de los clientes y utilízalo para fundamentar las decisiones de desarrollo del producto.

6. Desarrollar un sistema de atención al cliente que garantice que los clientes puedan enviar sus comentarios y sugerencias en el momento oportuno.

7. Crea un equipo especializado que se ocupe de los comentarios de los clientes y garantiza que sus necesidades se incorporan al proceso de desarrollo del producto.

Esto te ayudará a tomar las decisiones correctas sobre cómo o qué hacer. Recuerda que se trata de una información adicional y que debes tener en cuenta otros datos a la hora de tomar decisiones sobre el desarrollo de productos. Utiliza esta información con prudencia. ¿Estás escuchando al cliente adecuado? Asegúrate de ponerlo todo en contexto y considéralo una fuente adicional de datos para mejorar tu servicio o producto.

## Nivel 5: Ponemos a nuestros clientes en el centro de nuestro desarrollo

Genial, has implicado a tus clientes en la mejora de tus productos. También es importante asegurarte de que tu cliente conoce tu propuesta de valor, ya que hay muchas cosas en las que puedes trabajar para conseguirlo.

Los puntos siguientes (1 y 2) son cosas que ya deberías haber hecho, pero si no es así, son buenos ejercicios para pasar al siguiente nivel:

1.  Identifica el panorama competitivo: Investiga a la competencia para comprender el panorama competitivo, incluidas sus ofertas de productos, precios, servicio al cliente y cualquier otra característica distintiva.

2.  Analiza los puntos fuertes y débiles de la competencia: Analiza los productos de la competencia para determinar sus puntos fuertes y débiles en relación con los tuyos.

3.  Aprovecha tus ventajas competitivas: Identifica las ventajas competitivas que su producto tiene sobre la competencia y céntrate en ellas en tus esfuerzos de marketing y ventas.

4.  Posiciona tu producto de forma diferente: Crea un posicionamiento único para tu producto en el mercado haciendo hincapié en las características que lo diferencian de la competencia.

5.  Desarrolla una propuesta de valor: Crea una propuesta de valor convincente que comunique claramente las ventajas de tu producto en relación con la competencia.

6.  Innovar y diferenciarse: Invierte en innovación y diferenciación de productos para asegurarte de que tu producto destaca de la competencia y satisface las necesidades del cliente.

Los 6 pasos anteriores te ayudarán a definir tu propuesta de valor y a asegurarte de que los potenciales clientes la conocen cuando utilicen o compren tu producto.

## Nivel 6: Los clientes conocen mi propuesta de valor

Es fundamental que tus clientes entiendan tu propuesta de valor. No siempre lo hacen en la primera interacción o uso. Tiene que repetir y repetir y repetir la propuesta de valor varias veces. Lo más importante es la parte de comunicación. Céntrate en los canales de tracción que te funcionan bien e itera los mensajes para obtener los resultados que buscas.

Estos son los 6 pasos que puedes hacer para estar en la mente y recordar tu propuesta de valor.

1. Desarrolle una propuesta de valor clara, concisa y convincente. Describa las ventajas y el valor que su producto o servicio aporta a su cliente objetivo.

2. Comunique su propuesta de valor a su público objetivo. Utilice varios canales, como el contenido del sitio web, las campañas de correo electrónico, los blogs y las publicaciones en redes sociales, para difundir su mensaje.

3. Desarrolle una estrategia de contenidos centrada en el cliente. Cree contenidos que muestren cómo su producto o servicio resuelve los puntos débiles habituales de los clientes y cómo puede ayudarles a alcanzar sus objetivos.

4. Aproveche a las personas influyentes para hacer correr la voz. Ponte en contacto con personas influyentes de tu sector que puedan ayudarte a difundir tu propuesta de valor y aumentar el conocimiento de la marca.

5. Aproveche el contenido generado por los usuarios. Pida a los clientes que compartan sus experiencias con su producto o servicio, lo que puede ayudar a generar confianza y credibilidad.

6. Invierta en publicidad de pago. Invierta en anuncios en línea, como marketing en buscadores, anuncios de display y anuncios en redes sociales, para llegar a más personas y aumentar el conocimiento de su marca.

Cada empresa tiene que encontrar la combinación adecuada de canales de comunicación. En función de tus recursos financieros, puedes priorizar las cosas que puedes hacer hoy y las que dejas para más adelante.

## Nivel 7: Nos tienen muy presentes cuando necesitan un producto o servicio

¡Genial! La primera parte es que te tienen en cuenta cuando están listos para comprar un producto o servicio similar. Dependiendo de todos los demás fundamentos y niveles, puedes sentirte cómodo con esto. ¿Has captado ya la mayor parte de tu nicho de mercado? ¿Cómo ves el crecimiento en los próximos meses? ¿Cómo está tu fundamento financiero?

En base a las respuestas en las que te enfoques para pasar al último nivel, deberás darle forma a  la estrategia de Expansión. ¿Cómo entrar en otros nichos o mercados?

Dependiendo del producto o servicio, hay que tener en cuenta los seis puntos siguientes para aplicarlos a la estrategia:

1. Analizar el negocio actual: Identificar áreas de crecimiento potencial. Considera el tamaño de tu base de clientes actual, el tipo de productos o servicios que ofreces, tus precios y los posibles nuevos mercados.

2. Investiga posibles mercados de crecimiento: Identifica nuevos mercados potenciales y segmentos de clientes objetivo. Investiga sus hábitos de compra y preferencias, así como cualquier competidor que exista en el mercado.

3. Desarrolla una estrategia de marketing: Desarrolla una estrategia de marketing integral para llegar a los clientes potenciales de los nuevos mercados. Considera el uso de la

publicidad, las redes sociales, las relaciones públicas y otras tácticas para llegar a tus clientes objetivo.

4. Evalúa la estructura de precios y costes: Evalúa tu estructura de precios y costes para asegurarte de que tus productos o servicios son competitivos en los nuevos mercados.

5. Amplía tus operaciones: Al expandirte a nuevos mercados, considera la necesidad de aumentar la capacidad de producción, contratar personal adicional y actualizar los sistemas tecnológicos.

6. Evaluar y ajustar: A medida que te expandas a nuevos mercados, evalúa y ajusta tu estrategia para asegurarte de que sigue siendo eficaz. Supervisa los comentarios de los clientes y ajusta tu enfoque según sea necesario.

La expansión puede ser realmente compleja y recomiendo hablar con otras personas que lo hayan hecho antes. Pueden ayudarte a superar posibles obstáculos.

## Nivel 8: Sé cómo será mi estrategia de expansión a otros nichos

¡Eso está muy bien! Lo que pones sobre el papel no siempre será el resultado que veas cuando lo ejecutes. Debes ser flexible con tu estrategia porque tus métricas importantes cambiarán de forma diferente a lo que esperabas. Ten tu peor, medio y mejor escenario.

Un ejemplo sencillo. Las cifras de NPS son importantes para medir la calidad y el atractivo de tu producto. Es posible que la gente de un país te dé puntuaciones NPS más bajas que la gente de otro país. El servicio puede ser el mismo, pero la gente de otros mercados puede esperar más de un servicio, o la gente puede ser más crítica.

Asegúrate de hacer un seguimiento de estas métricas, ya que son clave para el éxito de tu expansión.

# Fundamento 9: Competencia

El panorama competitivo es importante. Hay que saber qué otros productos o servicios hay en el mercado. La mejor manera de identificar posibles competidores directos e indirectos es realizar un análisis de la competencia. Esto implica investigar las estrategias, productos, servicios, precios y otras áreas clave de sus competidores. También puede implicar la investigación de los comentarios y opiniones de los clientes para obtener información sobre lo que la gente dice de ellos. Además, puede utilizar herramientas de investigación de mercado como encuestas, focus groups y análisis de redes sociales para comprender mejor el panorama competitivo.

1. Conozco a mis competidores directos.

2. Conozco a mis competidores indirectos.

3. Conozco a los competidores potenciales directos e indirectos que están actualmente en otros mercados.

4. Conozco la oportunidad del tamaño del mercado.

5. Nos diferenciamos frente a otros competidores.

6. Y los clientes (potenciales) identifican las diferencias.

7. No es un mercado en el que haya un solo ganador.

# ♟ Clientes y competencia (Parte 2)

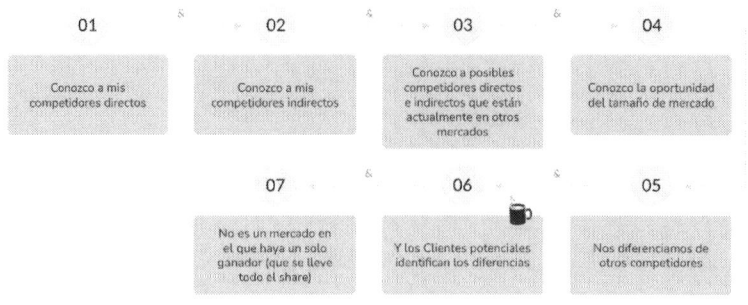

## Nivel 1 Conozco a mis competidores directos

Es importante conocer a tus competidores directos. En los niveles de cliente hablamos de entender a tu cliente. Conocer a tus competidores directos es clave. Puede ayudarle en varios aspectos:

1. Puede ayudarte a comprender mejor el mercado y el panorama competitivo.

2. Puede ayudarte a desarrollar mejores estrategias y a tomar decisiones más informadas.

3. Puede ayudarte a mantenerte por delante de la competencia y proteger tu cuota de mercado.

4. Puede ayudarte a identificar oportunidades en el mercado y a desarrollar mejores productos o servicios.

5. Puede ayudarte a crear campañas de marketing más eficaces.

6. Puede ayudarte a mantener tu ventaja competitiva.

Para averiguar quién es tu competencia, puedes hacer lo siguiente:

Observa quiénes son tus clientes actuales. Pregúntales a quién prefieren cuando se trata de los productos y servicios que tú ofreces. Fíjate en cómo buscarían los clientes potenciales y encontrarás otras opciones.

Pregunta a tus colegas del sector quiénes creen que son tus mayores competidores. Es posible que puedan darte información valiosa sobre los competidores que deberías tener en cuenta.

Por otra parte, si tienes en el punto de mira a tus competidores directos, deberías investigar al menos los cinco puntos siguientes:

1. Echa un vistazo a los sitios web de tus competidores. Revisa lo que ofrecen y cómo se posicionan.

2. Echa un vistazo a su estructura de precios. Compárala con la tuya y evalúa cómo estás frente a ello.

3. Analiza sus tácticas de marketing. Ve cómo llegan a los clientes y el éxito que tienen.

4. Comprende cómo intentan posicionarse ante sus clientes. ¿Cómo intentan diferenciarse?

5. Comprende su propuesta de valor.

Para trazar un mapa de competidores indirectos, debes encontrar empresas que resuelvan un problema similar pero que no se puedan considerar como competencia directa.

Por ejemplo: Una bicicleta y un coche te ayudan a ir de A hacia B. Un vendedor de bicicletas es un competidor indirecto de una empresa de coches, si resuelven el mismo problema de ir de A hacia B por motivos de trabajo, por ejemplo.

## Nivel 2: Conozco a mis competidores indirectos

Conocer el mercado y los competidores directos e indirectos es un gran paso. Realiza exactamente el mismo ejercicio, pero intenta identificar otras empresas que puedan entrar potencialmente en tus mercados principales, o mercados en los que te gustaría entrar.

## Nivel 3: Conozco competidores potenciales directos e indirectos que están actualmente en otros mercados

Como puedes ver, los niveles están estrechamente relacionados con el fundamento de los clientes. Has sido capaz de trazar un mapa de los clientes y los competidores y lo más probable es que hayas sido capaz de averiguar la oportunidad de tamaño de mercado. En caso de que no lo hayas hecho aún, revisa los niveles 2 y 3 del fundamento de clientes, ya que estás listo para avanzar para conocer el tamaño de tu mercado potencial.

## Nivel 4: Conozco la oportunidad de tamaño de mercado.

Conocer tu oportunidad de tamaño de mercado te ayudará a estimar tus posibles ingresos futuros y será de gran ayuda para la creación o mejora del modelo financiero. Si primero conoces cómo penetrar en un nicho, lo más probable es que consideres la posibilidad de diferenciarte.

Una forma de diferenciarse de la competencia es centrarse en proporcionar un valor único a sus clientes. Esto puede hacerse proporcionando productos y servicios de alta calidad que se adapten a necesidades específicas. Otra opción es ofrecer características o ventajas únicas que tus competidores no ofrecen. Además, puedes diferenciarte estableciendo relaciones sólidas con tus clientes y ofreciéndoles un servicio de atención superior para garantizar su satisfacción. Por último, puedes diferenciarse creando una estrategia de marketing eficaz que distinga tu marca y destaque el porqué eres la mejor opción para los clientes.

En función de todos los demás niveles del fundamento, podrás decidir qué opción te conviene más. No existe un planteamiento que funcione igual para todos, debes encontrar el que más le funcione y se adapte a tu modelo de negocio.

## Nivel 5: Nos diferenciamos de otros competidores

Si llegas a este nivel, casi lo has conseguido. Eres capaz de diferenciar tu producto de los demás. Los clientes sólo tienen que recordar estas diferencias (como vimos en el nivel 6 del fundamento de los clientes). Es importante que los clientes potenciales conozcan tu propuesta de valor ¿Conocen las diferencias entre cada producto o servicio?

Dependiendo del tipo de producto o servicio, el cliente potencial estará investigando o considerando opciones. Debes asegurarte de que te encuentras en la fase de consideración para el cliente potencial. La mejor manera de conseguir que su producto o servicio entre en la fase de consideración del posible cliente es crear conciencia de marca (awareness). Cuando conocen tu producto o servicio, es probable que también conozcan sus ventajas.

Conseguir que los clientes identifiquen las diferencias puede lograrse de varias maneras. Mediante campañas de marketing, publicidad, campañas en redes sociales y otras muchas formas de promoción. Además, ofrecer una prueba o muestra gratuita del producto puede ayudar a que el cliente lo pruebe y pase a la fase de consideración. Por último, asegúrate de que la experiencia y el servicio de atención al cliente son buenos para garantizar que toda la experiencia sea positiva.

## Nivel 6: Y los clientes (potenciales) identifican las diferencias

Alcanzar este nivel es un gran logro porque has sido capaz de entrar en la mente de tus clientes potenciales y ellos han sido capaces de recordar tu propuesta de valor.

Depende de la fase en la que se encuentren tus fundamentos si puedes o no invertir más en esfuerzos de marketing. Depende de las finanzas y tus márgenes. Aquí están mis 8 acciones rentables favoritas. Deberías evaluarlas en función de la etapa en que te encuentras con los otros fundamentos. Como he mencionado antes, no se trata de un enfoque único que funcione para todos de la misma manera:

1. Establece una presencia en línea: Asegúrate de que tu negocio es visible en línea para tus clientes mediante la creación de un sitio web, la creación de un blog y la optimización del sitio web para los motores de búsqueda con buenas prácticas de SEO. Además, crea cuentas en las redes sociales para tu empresa y publica regularmente contenido valioso en ellas.

2. Desarrolla una estrategia de marketing de contenidos: Crea contenidos útiles y relevantes para tus clientes como entradas de blog, artículos, vídeos o seminarios web (webinars).

3. Aprovecha el marketing por correo electrónico: Envía regularmente correos electrónicos a tus clientes con actualizaciones, ofertas y otra información relevante.

4. Organiza eventos: Invita a tus clientes a eventos como seminarios, talleres o eventos de networking.

5. Ofrece incentivos: descuentos, regalos u otros incentivos para animar a los clientes a mantenerse fieles.

6. Manténte en contacto: Asegúrate de mantenerte en contacto con tus clientes a través de llamadas telefónicas, correos electrónicos o mensajes directos.

7. Ofrece un excelente servicio de atención al cliente: Asegúrate de que tus clientes están bien atendidos proporcionándoles un servicio de atención al cliente de calidad.

8. Incorpora referencias: Pide a tus clientes satisfechos que recomienden tu negocio a otras personas.

## Nivel 7: No es un mercado en el que haya un solo ganador

Genial, pasemos al siguiente fundamento.

Diseño donde se ven varios ganadores

# Fundamento 10: Fundamentos operativos

En muchos negocios, es fundamental contar con un fundamento operativo. ¿Qué pasa si consigues más clientes, pero tu inventario se está agotando? ¿Y si lo que tienes es un marketplace en el que la oferta y demanda se genera dentro de tu plataforma? Alinear los departamentos internos es clave para estar preparados para el éxito.

En este capítulo, identificaremos dónde te encuentras respecto a tu fundamento operativo y el cómo podrás llegar al siguiente nivel.

**Niveles:**

1. Sé identificar los retos operativos que tenemos (oferta y demanda).

2. Nuestros departamentos internos mantienen conversaciones sobre la oferta y la demanda, pero aún no están alineados.

3. Tenemos reuniones para alinear la oferta y la demanda con una agenda clara y los responsables bien definidos.

4. Y hacemos previsiones sobre la oferta y la demanda para alinear a los stakeholders internos y tenemos claro qué papel desempeña cada equipo y qué procesos están en marcha.

5. Hay una gran comunicación entre stakeholders y todos los equipos están al tanto de los cambios importantes en la oferta y la demanda. Los procesos están en marcha y se utilizan correctamente.

Para llegar al primer nivel, es importante entender primero si tu empresa tiene una oferta y una demanda (operación). Esto es verdad para los productos físicos, pero a veces es más difícil determinar si lo tienen para otros tipos de productos.

*Ejemplo: En Listopro emparejábamos de manera inteligente el talento (candidatos) con las empresas. La oferta eran los candidatos y la demanda eran las empresas que necesitaban talento digital.*

*Profundizando en la oferta, podríamos tener muchos tipos de talento digital: talento de ingeniería, talento de ventas, talento de marketing, etc, etc, etc.*

*Por el lado de la demanda tenemos empresas: startups en fase inicial, startups en fase avanzada y empresas que necesitan talento digital. En aquel momento, teníamos más de 400 ofertas de empleo, principalmente centradas en el talento tecnológico y digital.*

*El equipo de Ventas y Operaciones era responsable de la demanda (empresas) para conseguir las ofertas de empleo adecuadas en la plataforma. Marketing era responsable de la oferta para conseguir el talento adecuado que se registraba en la plataforma.*

*Al principio, la oferta y la demanda no estaban perfectamente alineadas y teníamos una "gestión de inventario" no muy buena. La oferta conseguía que más personas de marketing se inscribiesen en la plataforma, pero del lado de la demanda había más necesidad de talento técnico.*

*La comunicación entre departamentos no era ideal y había pocos datos o visibilidad de los procesos y flujos de trabajo.*

*Más adelante, pudimos alinear toda la operación, lo que se tradujo en más eficiencia, mejor comunicación y conseguir que las empresas que buscaban el talento adecuado ingresaran en nuestra plataforma.*

*Con los datos adecuados, pudimos alinear nuestra oferta y demanda.*

**Las cosas que debes tener en cuenta en tu operación son:**

1. Datos insuficientes: No tener suficientes datos para analizar con precisión la oferta y la demanda puede conducir a ineficiencias operativas.

2. Previsiones deficientes: Esto puede conducir a interrupciones en la cadena de suministro, oportunidades perdidas y aumento de los costes.

3. Precios inexactos: Los precios demasiado altos o demasiado bajos pueden afectar al equilibrio entre la oferta y la demanda.

4. Comunicación deficiente: Entre la cadena de suministro y el cliente puede provocar retrasos e insatisfacción.

5. Visibilidad limitada: La falta de visibilidad en la cadena de suministro puede provocar operaciones ineficaces y dificultades para predecir la demanda futura.

6. Mala gestión del inventario: Puede provocar la pérdida de oportunidades y el aumento de los costes.

7. Logística ineficaz: Una logística deficiente puede provocar retrasos y aumentar los costes.

8. Procesos ineficaces de la cadena de suministro: Esto puede provocar retrasos, información inexacta y pérdida de oportunidades.

Toma en cuenta estos puntos te ayudará a solucionar los posibles problemas.

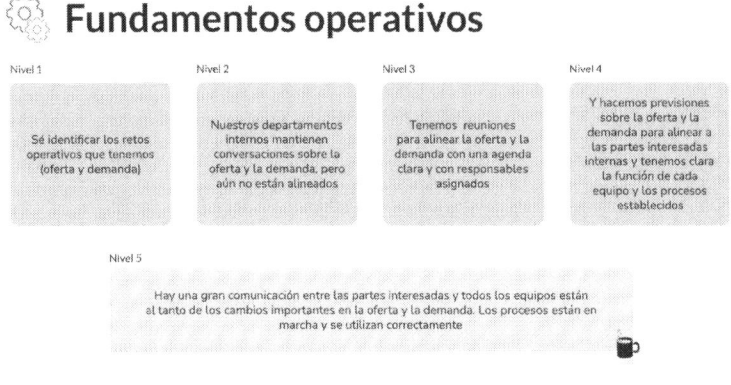

## Nivel 1: Sé identificar los retos operativos que tenemos (oferta y demanda)

Muy bien. Has identificado los retos. Ahora te toca a ti hacer que las cosas funcionen mejor. A veces no puedes hacerlo desde tu puesto, pero al menos puedes empezar a plantearte las preguntas adecuadas basándote en la evaluación del estado actual a nivel operativo. Ejecuta las cosas que puedan alinearse fácilmente. Comunícate en exceso para mantener a las personas al tanto y asegurarte de que estás mejorando ese punto específico de la operación.

Comienza con sincronizaciones semanales entre los departamentos para comprender cuáles son sus prioridades y cómo tú o tu departamento pueden alinearse mejor con ellos. El primer paso es comprender cuáles son sus prioridades y por qué (son esas y no otras).

Una vez hecho esto, puedes pasar al nivel 2.

## Nivel 2: Nuestros departamentos internos mantienen conversaciones sobre la oferta y la demanda, pero aún no están alineados.

Las conversaciones no bastan. Como ya se ha dicho, es un buen punto de partida. Es importante conseguir una alineación estructurada en la que puedas alinear los esfuerzos de oferta y demanda con una agenda y unos responsables claros.

Ya que estás en este nivel, te voy diciendo que no va a ser una tarea fácil. Dependiendo de las personas y del estatus de tus fundamentos tendrás que empezar a tender puentes.

Cuando todo va bien, la gente acepta las ineficiencias. Momentos como el actual (mercados que están con tendencia a la baja) son una oportunidad para analizar de manera crítica cómo se gestionan las cosas dentro de la empresa entre la oferta y la demanda.

En primer lugar, hay que establecer objetivos claros. ¿Cuál es el resultado deseado de alinear la oferta y la demanda? Identifica a los principales stakeholders y los objetivos que desean lograr.

En el paso anterior ya has identificado los retos, ahora encuentra las discrepancias y las áreas de oportunidad en la oferta y la demanda y colócalas en un documento.

Crea conjuntamente un plan de acción que detalle cómo se alinearán la oferta y la demanda. Incluye tareas específicas, plazos y responsables. Una vez que todos estén de acuerdo, pónganlo en práctica.

Ejecuta el plan dando los pasos necesarios para alinear la oferta y la demanda. Supervisa los progresos e introduce los ajustes necesarios. Para medir el éxito, fija objetivos de rendimiento medibles que garanticen el éxito del plan.

Por último, supervisa y ajusta el progreso del plan y haz los ajustes que sean necesarios. Comunica los resultados para asegurarte de que todo el mundo está de acuerdo.

Celebra las pequeñas victorias y asegúrate de que se informa a las personas adecuadas para conseguir una mayor participación de los demás stakeholders. El entusiasmo es contagioso cuando se ve que otros equipos tienen cada vez más éxito.

Esta es la agenda que recomiendo para las reuniones semanales o quincenales con los stakeholders:

1. Introducción (5 minutos): Presenta a los asistentes y el propósito de la reunión.

2. Visión general de la situación de la oferta y la demanda (15 minutos): Repasa brevemente la situación actual de la oferta y la demanda en el mercado.

3. Debate sobre estrategias (20 minutos): Debate sobre las posibles estrategias para abordar el desequilibrio entre la oferta y la demanda.

4. Preguntas y respuestas (15 minutos): Aborda cualquier pregunta o inquietud que puedan tener los asistentes.

5. Accionables (5 minutos): Asigna tareas o accionables específicos a los asistentes para su seguimiento.

6. Cierre (5 minutos): Resume el debate y agradece a los asistentes su participación.

Es importante que todos sepan el por qué, el qué y el cómo de la reunión. Quién tiene que asistir, qué se espera de la participación de los invitados y cómo se comunicará el resultado de la reunión. He asistido a muchas reuniones en las que la gente se presenta sin saber cuál es su papel ni qué se espera de ellos y se termina perdiendo un tiempo valioso.

## Nivel 3: Agendamos reuniones para alinear la oferta y la demanda con una agenda y responsables claros.

¡Genial! Asegúrate de predicar con el ejemplo y de que se ejecuten los accionables asignados realizando un seguimiento con otros stakeholders. Como se ha visto en el fundamento del crecimiento, es clave estar cerca de las métricas proyectadas. En caso de que las cosas cambien, cada stakeholder o área debe saber cómo reducir los riesgos o doblar la apuesta si, de cara al plan, ocurre algo positivo. Utiliza las reuniones de alineación para hablar de tus proyecciones y comprobar si todo va según lo esperado.

La estacionalidad es una parte importante donde debes alinear de más o sobre comunicar.

*Ejemplo: Recuerdo el primer Black Friday en Crehana cuando fui a visitar a mi familia a Holanda, porque no pensábamos que iba a tener un impacto significativo sobre nuestras ventas (allá por 2017). Viajé ese mismo viernes y salí feliz de la oficina a las 3pm hora local coordinando todo lo necesario. Por suerte teníamos un producto digital que no podía quedarse sin stock.*

*Tras subestimarlo, vimos un enorme pico de uso y algunas áreas no estaban preparadas para el incremento de un momento a otro.*

*El servicio de atención al cliente recibió muchos más tickets de los esperados. Impactó de manera negativa en la experiencia del cliente. Se solicitó ayuda con casos sobre cómo elegir el curso adecuado, compras equivocadas, cambio de curso, etc. etc.*

*Los profesores estaban muy contentos con las ventas, pero tuvieron trabajo extra para mantener activos a los alumnos (algunos lo gestionaron mejor que otros).*

*La plataforma se puso realmente a prueba al ser capaz de conseguir que todos los alumnos compraran y aprendieran llevando sus cursos al mismo tiempo.*

*Al final, aprendimos mucho sobre cómo coordinar nuestra oferta y demanda con otros departamentos para asegurarnos de que nuestras operaciones funcionen sin problemas.*

Como has visto, una mala previsión puede provocar problemas operativos.

Aquí tienes 5 sencillos pasos para evitar una previsión deficiente:

1. Reúne todos los datos relevantes de que dispongas que puedan ayudarte a crear una previsión precisa. Estos datos deben incluir tendencias históricas, información específica del sector y cualquier otro dato que pueda utilizarse para tomar una decisión informada. *Los datos relevantes dependen mucho de cuál sea tu negocio. Hoy en día hay muchos datos y sólo tienes que asegurarte de que utilizas los datos correctos y de que los compruebas con otras fuentes, ya que también hay datos que pueden ser incorrectos.*

2. Analiza los datos: Utiliza el análisis estadístico u otras herramientas de análisis de datos para analizar la información e identificar tendencias o patrones.

3. Establece un modelo de previsión: que tenga en cuenta tu análisis de datos. Este modelo debe basarse en los datos disponibles y en la comprensión del entorno y el sector.

*En los fundamentos del crecimiento de la empresa ya hablamos del modelo de crecimiento que es un tipo de previsión. Si aún no has llegado a ese punto con tu empresa (nivel 7 de los fundamentos del crecimiento de la empresa), repasa este capítulo.*

4. Controlar y ajustar: Supervisa la precisión de tus proyecciones y ajusta tu modelo según sea necesario. Esta es la clave para ajustar correctamente. Si la precisión de tus proyecciones está por debajo del 80%, debes ajustarlas y mejorarlas. Entre el 80 y el 90% de precisión se considera correcto. Elabora tu planificación en escenarios y, cuando las cosas no vayan bien, sabrás cómo desplegar los siguientes pasos en caso de que no estés alcanzando esas cifras proyectadas; también debes tener un plan en marcha para reducir posibles riesgos financieros.

5. Comunica tu proyección: Una vez completada la proyección, compártela con los stakeholders. Esto garantizará que todos conozcan la proyección y puedan tomar decisiones con conocimiento de causa. Esto no significa que sea algo que se haga una sola vez, sino que se debe comunicar en exceso para educar a todas las partes interesadas y compartir los aprendizajes cuando se supervise y ajuste el modelo.

**Procesos en los que hay que pensar:**

1. ¿Qué hacer cuando nos quedamos muy por debajo de nuestras proyecciones?

2. ¿Qué hacer cuando superamos las proyecciones? Impacto en las áreas y cómo escalar (temporalmente) en caso necesario.

3. ¿Qué y quién es responsable de todo el proceso y cuáles son las responsabilidades de cada stakeholder? ¿Qué se espera de ellos?

Estos son algunos procesos que deben documentarse y quedar claros para todos. Esto ayuda a anticiparse y a tener claridad de lo que se espera de cada miembro del equipo. No se trata de un documento "único". Debes revisarlo periódicamente y preguntarte por qué las cosas son como son. Con el tiempo, descubrirás que las cosas pueden organizarse mejor.

## Nivel 4: Hacemos proyecciones sobre la oferta y la demanda para alinear a los stakeholders internos y tenemos claro qué papel desempeña cada equipo y qué procesos existen.

Llegar a este nivel es un gran hito. La mayor parte de lo que hemos hablado hasta ahora es de cómo alinear la organización. No hemos hablado de toda la cadena de suministro que puede estar implicada en los productos. Cuando se produce un pico en las compras, toda la cadena de suministro se pone a prueba al máximo. Puede provocar retrasos en la salida de los productos al mercado o, lo que es peor, no tener stock disponible y posibles pérdidas de ventas.

Supongo que ya has cubierto esta parte y sólo quieres pasar al siguiente nivel. Debes establecer líneas de comunicación claras. En el Nivel 2 ya dimos un ejemplo de agenda. Fomenta una comunicación abierta y, lo que es más importante, honesta. Asegúrate de que tú u otros stakeholders se sienten cómodos compartiendo información, aunque sean malas noticias o difíciles.

Crea planes dentro de los departamentos e intenta encontrar formas de trabajar juntos. Encontrar soluciones y tomar decisiones juntos mejorará la comunicación y el entendimiento.

Asegúrate de que se forman mutuamente sobre cómo comunicarse y colaborar eficazmente.

Por último, ayuda a tu contraparte (de otro departamento) a tener más éxito. Como hemos visto en el fundamento de los Departamentos y Estructuras, a veces es mejor para la empresa ayudarles a conseguir un determinado objetivo, mientras que tú no estés logrando los tuyos, siempre pensando en el bien mayor. Ayudar o conseguir un objetivo común te dará un gran margen para seguir colaborando.

## Nivel 5: Existe una gran comunicación entre los stakeholders y todos los equipos están al tanto de los cambios importantes en la oferta y la demanda. Los procesos están en marcha y se utilizan correctamente.

Esta es la situación ideal en el fundamento de las operaciones. Mi recomendación es revisar y ajustar regularmente este fundamento para mejorarlo ¿Siguen siendo óptimos los procesos? La empresa está cambiando de tamaño o va a tener nuevos productos. ¿Sigue siendo ésta la forma correcta de trabajar? ¿Qué parte de las operaciones podría ser más eficiente? ¿Cuáles son las nuevas tendencias? ¿Cómo podemos innovar para mantenernos a la vanguardia?

Son preguntas que hay que hacerse continuamente. Recuerda que quedarse quieto es retroceder.

# Puntuación final

Al leer este libro, has podido determinar tu nivel actual de los fundamentos de la empresa para la que trabajas. Dado que ésta es la primera versión de mi libro, me gustaría incluirte en mi investigación sobre cómo están tus fundamentos y de esa manera saber cómo puedo mejorar las futuras ediciones. La información que pueda recibir de tu parte siempre será anónima y ayudará a crear un punto de referencia para que tú y otras empresas "suban la barra" a la hora de tener grandes fundamentos para poder crecer.

https://4wl6fw9ajjg.typeform.com/to/BZQLyXaY

Esto es sólo el principio de la comprensión de tus fundamentos. En tus notas, escribe al menos 5 acciones que emprenderás y empezarás a poner en práctica. Son aquellos que toman medidas y ejecutan lo aprendido los que conseguirán un crecimiento exponencial de manera personal. Repite la evaluación de tus 10 fundamentos de crecimiento en 6 semanas y verás las mejoras que te mantendrán motivado para seguir mejorando.

## Mi puntaje actual

Fecha de evaluación:

Nombre de la empresa:

Mi Puesto:

| Los 10 fundamentos del Growth | Nivel actual |
|---|---|
| 1. Misión, visión y valores de la empresa | 2 |
| 2. Fundamentos de data y reportes | |
| 3. Fundamentos de las personas y la mentalidad de crecimiento | |
| 4. Departamentos y estructuras | |
| 5. Pruebas y aprendizaje continuo | |
| 6. Fundamento financiero<br><br>a. Estructura<br><br>b. Entendimiento<br><br>c. Creatividad | |
| 7. Fundamentos tecnológicos | |
| 8. Growth actual y objetivos | |
| 9. Clientes y competencia<br><br>a. Clientes<br><br>b. Competencia | |
| 10. Fundamentos operativos | |
| Puntaje total | |

# Mis 5 accionables con un deadline establecido

1.

2.

3.

4.

5.

Made in United States
Orlando, FL
26 July 2023

35465975R00080